Du même auteur :
Le silence d'une âme éloquente (Poésie, 2004)
Lanvè Piman (Nouvelles, 2006)
Le Tambour des Tabous (Nouvelles, 2008)

A mon père **Seldieu Loriston**, originaire de l'Ile de la Tortue, et ma tendre mère **Yvanette Joseph**, originaire de Saint Louis du Nord, pour la passion avec laquelle ils ont protégé et surveillé mon enfance et m'ont permis de grandir avec pour boussole l'honnêteté.

À **Marie Priscile Royaque** Loriston pour son indéfectible engagement à mes côtés et dans tous mes combats.

A ma fille **Dallyah Audrey LORISTON** (DAL) qui, dès la première vague d'émotions que j'ai ressenties à sa naissance, a activé une nouvelle dimension de mon humanité et me permet d'expérimenter la puissance de l'amour paternel.

Remerciements à tous les enseignants qui ont tenu ma main en primaire à l'école Lamennais de Saint-Louis du Nord, en secondaire au Lycée Tertullien Guilbaud de Port-de-Paix.

Ma gratitude à l'égard de mes professeurs aux différents centres universitaires que j'ai fréquentés : ils m'ont aidé à développer un goût particulier pour les sciences et le savoir efficient, et ils m'ont permis d'aiguiser ma curiosité intellectuelle.

Merci particulièrement au professeur **Esaü Jean Baptiste** pour son estime et sa confiance démesurées !

À **Sulfrida M. DUMESLE** pour sa dévotion, sa lecture critique de ce texte et ses supports inconditionnels !

TABLES DES MATIÈRES

Remerciements.. 12
Mots de l'auteur... 14
Préface... 20

CHAPITRE I
DE LA COMPÉTENCE HUMAINE

De la compétence humaine.. 29
Le savoir, intelligence et compétence.. 31
Compétence technique... 33
Compétence humaine... 34
La notion d'intelligence propre et du savoir pur....................... 35
Qu'arrive-t-il à l'homme ?.. 36
Un constat... 38
L'Homme peut-il recouvrer sa compétence humaine ?............ 41

CHAPITRE II
DE L'HONNÊTETÉ

L'Honnêteté cela s'apprend et se cultive.................................. 49
Qui aime bien châtie bien.. 50
La contribution de l'éducation religieuse dans la formation morale... 52
L'approche punitive dans la formation morale........................ 55
L'apport de la philosophie dans la formation morale.............. 56
Inspirez-vous des bonnes actions... 58
Mes premiers pas vers l'épanouissement................................. 62

Passer de 0 à 12,000 gourdes.. 64
Confronté à la malhonnêteté.. 65
Les malhonnêtes sont prêts à tout.. 67
Passer de 300 à 1000 dollars.. 68
Passer de 1000 à 1500 dollars.. 69
Dernière expérience de travail à plein temps......................... 71
Le chemin de l'honnêteté est un combat acharné.................... 72
Le pouvoir de la sorcellerie haïtienne dans la destruction.......... 74
Comment arrivions-nous à savoir ce qui se passait ?................. 76
Une deuxième « frappe »... 78
Dieu peut utiliser tous les outils créés par l'homme pour opérer des miracles.. 79
Rester honnête en toute circonstance....................................... 80
Les épreuves en tant que source d'apprentissage..................... 87
Une simple lecture m'a tout fait comprendre........................... 88
Un déclic en décembre 2020.. 89
Toute chose existe à partir de son contraire............................. 92
Être honnête, c'est aussi payer une dime complète.................. 93
Pâté-chaudière : prix d'équilibre... 96
Nous pouvons réaliser nos rêves les plus ambitieux en suivant la voie de l'honnêteté... 99
Tenir ferme la barre de l'honnêteté... 100
Promouvoir la culture de l'honnêteté..................................... 101

CHAPITRE III
LA NEUTRALITÉ FACE À L'INJUSTICE N'EXISTE PAS

Aimons la vérité et la justice.. 109
La vérité coûte cher.. 112

Aimons la justice.. 113
Défendre la justice même en faveur de ses ennemis.............. 116
Le silence face à l'injustice est une injustice plus grave........... 118
La moindre résistance affaiblit l'injustice................................ 120
Complice par le silence... 122

CHAPITRE IV
LE MIRACLE DE L'HONNÊTETÉ

Une manière de voir... 131
Il n'est jamais trop tard... 133
Le miracle de l'honnêteté... 134
L'honnêteté, l'amour et l'empathie marchent de pair............. 137
L'honnêteté en tant que source d'entraide............................. 139
L'honnêteté en tant que victoire de l'âme sur le corps........... 141
Annexe 1... 145
Annexe 2... 149

Remerciements

Je dédie tout le contenu de ce livre à tous ceux qui me connaissent vraiment et qui sont témoins des efforts immenses que je fais chaque jour pour rester honnête même dans les situations où il n'a pas été évident.

Pour leur support et confiance, je remercie : **Wilgens DEVILAS, Emma Loriston, Marc André LORISTON, Wilenda SAINDIC, Yrvin LORISTON, Evenel MOROSE, Dackmar EUGENE, Mildride FAUSTIN, Rolnor CHALITE, Michedalie CALIXTE, Izzy, Gueldy LAURENT, Micheline FRANCOIS, Wilmide GEORGES, Solange MAUVAIS, Ermann SAINVIL, Bendy GENESTANT, Djuno CADET, Linda Pierre AMEUS, Sandina Gabrielle JEAN-MARY, Stepher Roseberdie DEREME, Elizabeth Etienne BASTIEN,**

Kattia SAINT-HILAIRE, Louis-Dalès DESSENTIEL, Marc-Enson JOSEPH, Miclaude PAUL, Benito FERMINE et Migne-Yourdide M. JASMIN aka Maizu.

Je veux également témoigner ma gratitude à **Valéry Numa**, Michenet BALTAZAR, Jocelyn TITUS, Seide JEAN-CLAUDE, Fanilien GUILLAUME, Richard SIMEUS, Jude SIMEUS, Pierre Agenor CADET, Jackson JOSEPH, Fresnel JEAN, Rock CLAVAROCHE, Ricardin ST-JEAN, Jean Claude THERVIL, Fresnel ALCIME, Chelet NORELIEN, Boubet LOUIS-PIERRE, Althery Etienne, Marc F. SHAPIRO, Amiel DUFRESNE, Enork RAPHAEL, Dieunou MAURICE, Elianne BENOIT, Marie-Ange PIERRE, Holdine PIERRE, Ferlandanie CORNEILLE, Rodrigue RAYMOND, Gorétie METAYER, Frantz R. ROMOND, Nickel JEAN, Dérilien MERIZIER, Evelt SAINVIL, Kwesi KORREH, Evolution Law Group, HD MRI, Bob LORISTON, Julien JULMISTE, Yveny et Fausia LORISTON, Wedzer VERTULMA, Gerdine FRANCIQUE, Fadnet JEAN-BAPTISTE, Mark L. SHAPIRO, Tonald Capita, Hongueur ELUSMA, Samuel PIERRE LOUIS, Guerby CIMIL, Dorothy VERLISSAINT, Guy Webern GUERRIER, Leslie Gélin, Yeldie ALCINDOR, Riquet ALCINDOR, Agabus JOSEPH, François Carleb LORISTON, Richardson HONORÉ, Beaugé LAURENT, Thériel Thelus, Marie Raphaëlle Pierre, Alangue Valbrun, Yolande TURENNE, Nadyne JEAN, Gabart E. SAINTIL tous les collaborateurs de mes différentes entreprises, mes supporteurs de la diaspora, tous mes lecteurs !

Mots de l'auteur

Au moment de rédiger la première page de ce livre qui se veut un plaidoyer en faveur de la nécessité d'une culture de l'honnêteté, je suis âgé de 40 ans. Je vais vous raconter votre vie en vous racontant la mienne.

Chacun de mes lecteurs va pouvoir y trouver une partie qui correspond étroitement à une tranche de sa vie. Les évènements que je relaterai peuvent se dérouler dans un espace ou un domaine différent des vôtres, mais je suis certain que vous vous y reconnaîtrez et pourrez même penser que quelqu'un qui vous est proche m'a raconté votre propre histoire. Ce n'est pas le cas !

Cet ouvrage n'est pas non plus un roman d'apprentissage. J'ai consenti d'immenses efforts pour résister à l'attraction de la fiction. Je ne ferai que vous raconter des expériences que j'ai vécues, des leçons que j'ai apprises, les échecs que j'ai connus, mes modestes origines, mon éducation religieuse, mes penchants pour la philosophie, et aussi mes exploits.

Dans cette aventure littéraire vous remarquerez ma passion pour des valeurs comme : loyauté, justice, empathie, honnêteté, vérité, amour, grandeur d'âme, l'estime de soi, entraide, Intelligence et force morale.

Je ne me contente pas seulement de traiter de ces sujets dans ce livre, mais je déploie beaucoup d'efforts pour en faire des lanternes qui me guident à chaque moment de ma vie. Je suis un pécheur comme chaque homme sur terre. Mais je sais que tous, nous sommes dotés du pouvoir de surmonter nos envies et nos faiblesses ; nous sommes capables d'être agréables dans un monde caractérisé par la laideur où la morale devient vieux jeu.

Mon vœu le plus cher est que ce livre devienne une source d'espoir et de motivation pour mes lecteurs. Ainsi, ils seront dotés du pouvoir d'encourager les honnêtes gens à faire cavaliers seuls sans jamais se laisser influencer par la vague moderne et populaire du vagabondage justifié. Le monde tel qu'il est aujourd'hui n'est plus en bonne santé. L'avènement des réseaux sociaux, loin de démocratiser le savoir, opère des changements regrettables qui conduisent la jeunesse mondiale vers une pente dangereuse compromettant l'avenir de l'humanité et des générations futures. Tout ceci se déroule sous les yeux puissants des nouveaux maîtres du monde, pour répéter le célèbre sociologue Jean Ziegler.

| Mots de l'auteur

C'est avec amertume dans l'âme et parfois des larmes qui tombent sur chaque touche de mon ordinateur que je rédige ce livre dont l'objectif est de sensibiliser tous ceux qui le liront. Sachez que mes larmes abondaient au moment où, dans certaines pages de ce livre, je parlais des injustices, des trahisons dont j'ai été victime malgré mon cœur bon, malgré l'amour sans condition que j'ai toujours offert à mon entourage et à chaque personne que j'ai rencontrée tout au long de ma vie.

Je n'ai pas pleuré parce que les torts à moi causés me font mal. Non ! Je pleure en réfléchissant sur les grossièretés du monde moderne, la déshumanisation et l'incompétence humaine qui frappent nos contemporains. Je me suis toujours demandé comment quelqu'un peut-il faire cela ? Que ressent-il ? Quelles sont ses pensées ? Quelle est sa motivation ?

On croyait que les inventions modernes et la naissance des nouvelles technologies de l'information et de la communication allaient seulement améliorer les moyens de communications entre les membres de l'humanité et par conséquent rendre meilleures les conditions d'existence de ceux-ci. Pourtant, elles semblent charrier une désorganisation sociale mondiale sans précédent.

Loin de faciliter l'harmonie sociale entre les groupes sociaux, les réseaux sociaux ne font que disséquer les rapports sociaux et déconstruire avec une rare aisance les valeurs sur lesquelles la société humaine est axée. Personne n'avait prévu que le téléphone portable (cellulaire) branché à l'internet allait transformer chaque individu soit en journaliste, érudit capable d'intervenir sur tous les sujets même ceux relatifs à la science, soit en menteur professionnel qui peut tout dire, sans contrainte aucune, pour assassiner le caractère d'une autre personne qu'il ne connait même pas. Tous ces changements ayant une incidence néfaste sur la vie en société et les règles antérieurement et conventionnellement établies constituent de puissants obstacles à des vertus comme : la vérité, la Justice, la loyauté, l'empathie et l'amour. Toutes ces vertus sont remplacées par la confusion, l'illusion, le syndrome de la célébrité, l'amour de l'argent facile et le faux semblant.

Les constats sont effrayants, certes, mais faut-il perdre tout espoir ? Faut-il laisser l'avenir de l'humanité entre les seules mains des « mal appris », des automates qui envahissent les réseaux sociaux ? Non !

Il faut que les hommes de sciences, les sociologues, les savants, les gouvernements, les philosophes, les experts informaticiens, les programmeurs, les socioprofessionnels planifient une invasion des réseaux sociaux et une réforme transcendantale de ces outils combien importants et fragiles. De même qu'on ne laissera jamais un fusil entre les mains d'un enfant, aussi intelligent qu'il puisse être, on ne peut livrer l'utilisation des puissantes armes des NTICs entre les mains de qui le veut. L'utilisation de ces outils de transformation massive doit être limitative et rigoureusement conditionnée. J'insiste un peu sur les inventions du numérique non pas pour montrer qu'elles n'ont pas toute leur importance, mais pour attirer l'attention

> Mots de l'auteur

de tous sur la contribution de ces outils à la propagation de mauvaises mœurs, à une vitesse incroyable, d'une société à une autre. D'un groupe d'âge à un autre.

Ce présent ouvrage qui se veut une résonance sur l'honnêteté, traitera généralement des notions de compétences humaines, du bien, du mal, de l'injustice. J'aborde dans cette œuvre les sujets qui me passionnent et sur lesquels ma conviction est ferme. Je vous raconte une petite quantité de ma somme d'expériences dans l'aventure terrestre et des combats que je mène dans un pays extrêmement difficile comme Haïti.

Dans le deuxième chapitre particulièrement, je vous dirai un peu de moi et de mes parcours sans excès ni invention. D'ailleurs, dans ce livre, contrairement à mes précédents ouvrages, je m'attriste de ne pas pouvoir faire place à la poésie, à l'imagination ni à la fiction. Je suis comme limité à raconter des faits et expériences vérifiables. Dans certaines parties, je citerai les noms de certaines personnalités encore vivantes et très connues. Je n'y ferai que raconter des faits à titre d'exemples soutenant mon attachement viscéral à la première de toutes les compétences humaines : l'Honnêteté. Je raconterai aussi des expériences de certaines personnes qui ont marqué ma jeunesse : leurs actions symbolisent cette vertu qui se raréfie de jour en jour.

Enfin, je vous remercie d'accepter de lire les quelques mots qui constituent cette modeste œuvre et je veux me donner à moi-même la garantie que vous y trouverez des idées qui font sens, et le sens d'une bataille qui doit être celle de tous, autrement dit du plus grand nombre.

Vive l'honnêteté, vive la justice, vive l'amour et la vérité !
Daniel LORISTON

Préface

Dans notre quête d'évolution et de progrès, nous sommes souvent obsédés par la quête de l'intelligence, comme si elle était la clé ultime pour résoudre tous nos problèmes. Mais je me permets de vous inviter à réfléchir différemment. Ce dont nous avons vraiment besoin en plus de de l'intelligence est la conscience.

L'intelligence, bien qu'elle confère la capacité de grandes réalisations, peut tout autant être mise au service du mal. Elle peut rationaliser l'injustice, justifier l'exploitation et concevoir des moyens de nuire et de tirer des avantages d'autrui.

En revanche, la conscience, cette lumière intérieure qui guide nos actions vers ce qui est juste et bon, est le véritable antidote contre la médiocrité et la destruction.

Le Miracle de l'honnêteté

En parcourant les pages de cet ouvrage, je vous invite à une exploration profonde de la conscience, car c'est là que réside la clé de notre véritable élévation en tant qu'individus et en tant que société. Reconnaissez vous au travers de l'auteur, Daniel Loriston. Ce qu'il nous décrit resemble aux propos d'un soldat fictif ayant connu la guerre.

"J'en ai vu des jeunes…les bras arrachés, les jambes déchiquetées par des bombes, mais il n'y a pas de spectacle plus affligeant que celui de l'emputation d'un esprit humain" (film Parfum de Femme, 1992). Nous sommes en train de detuire l'âme de nos jeunes hommes et femmes Haitiennes.
Ce que nous cherchons, c'est une forme de compétence humaine bien plus précieuse que ce que l'on pourrait simplement definir comme "intelligence".

C'est un savoir pur, dénué de toute impureté morale, éclairé par la lumière de la conscience et guidé par une éthique irréprochable. C'est là que réside la véritable essence de notre intelligence propre.

Le miracle de l'honnètete se veut être ce remède tant attendu, une réponse à un mal insidieux qui ronge la société haïtienne et le monde dans lequel nous évoluons. Un mal dont nous souffrons souvent sans même en avoir pleinement connaisance, car il est relégué à l'arrière-cours.

Nous sommes une nation accablée d'une multitude d'afflictions, mais parmi tous les remèdes considerés, cet ouvrage contient l'élixir.

Remerciements

En adoptant l'honnêteté comme guide, nous nous engageons sur un chemin de transparence et d'intégrité qui favorise le développement personnel et le bien-être collectif. C'est un choix conscient qui renforce les liens entre les individus et nourrit un environnement propice à la croissance et à l'épanouissement.

Lorsque les institutions, les entreprises et les gouvernements agissent avec intégrité, ils inspirent confiance au public et favorisent un climat de coopération et d'harmonie. En revanche, la corruption, le mensonge et la tromperie sapent les fondements de la confiance sociale et compromettent la stabilité et le progrès.

A travers les exemples éclairants de cet ouvrage, nous sommes appelés à nous éveiller, à reconnaître et à comprendre la position exacte du mal qui nous afflige. La lecture de ces pages, que ce soit en milieu scolaire ou professionnel, agira comme un lever de soleil, dissipant progressivement les ténèbres et faisant paraître l'aube sur notre Haiti.

Kerving H. Joseph

Le Miracle de l'honnêteté

DANIEL LORISTON

Le Miracle de l'honnêteté
Couverture et mise en page: Brainkrea
ISBN : 9798883914613

Tous droits réservés

CHAPITRE I
De la compétence Humaine

Dans mon vécu quotidien et face aux problèmes que confronte mon pays (Haïti), je me trouve souvent dans l'obligation de répondre aux questions des jeunes sur la notion de compétence. J'ai moi-même souvent mis en doute la compétence de la classe dirigeante contemporaine d'Haïti.

Dans mes différentes interventions comme directeur d'opinion et comme patron de média, j'ai toujours eu à mentionner que la dernière fois que l'histoire d'Haïti était en face de l'Intelligence et d'un savoir quelconque remonte à des gens peu instruits et à peine lettrés : Jean Jacques Dessalines, Toussaint Louverture, le Général Capois La Mort et j'en passe !

Je n'arrive jamais à comprendre comment des gens qui savaient à peine lire pouvaient lutter jusqu'à permettre à la jeune Nation haïtienne d'échapper à l'esclavage qui l'abêtissait et d'accéder à son Indépendance, alors qu'il parait aujourd'hui impossible à nos universitaires (pour la plupart, détenteurs de maitrise et de doctorats des grandes universités du monde et d'Haïti,) de conserver cet héritage tout en sauvegardant notre souveraineté.

Malgré l'expansion des Sciences humaines en Haïti (la sociologie, le droit, les sciences politiques, l'économie, l'anthropologie, le travail social etc.), l'intelligentsia haïtienne n'arrive en 30 ans à résoudre un seul problème parmi tous ceux qui rongent l'existence du peuple haïtien.

Après plus de deux siècles et 20 ans de l'établissement de l'État post colonial, nous ne nous montrons même pas capables de répondre au besoin le plus élémentaire du peuple Haïtien, soit le « MANGER ». Il y a lieu de douter des savoirs qu'on dispense à l'école et à l'université haïtiennes.

Il nous faut non seulement douter du savoir prétendument dispensé mais aussi de la manière dont il doit affecter l'homme en le rendant meilleur. On peut remarquer que le système éducatif haïtien, loin de former des hommes, ne crée que les monstres que nous connaissons: des gens qui, par leurs actes, ne peuvent qu'empirer ou amplifier le mal haïtien.

À tous ces jeunes qui apprécient souvent mes interventions lors des conférences ou des émissions de Radio et qui me demandent souvent comment des personnalités (professeurs d'université, intellectuels, avocats, professionnels bureaucrates et techniciens) « compétentes » peuvent offrir d'aussi médiocres résultats, je réponds toujours que, malgré leur niveau d'études, il leur manque une intelligence propre et un savoir pur !

J'estime que le temps très court qui m'est souvent imparti pour répondre à une question aussi complexe m'a toujours empêché de fournir des explications édifiantes et non équivoques. Je fournirai tous les détails autour de ma compréhension du phénomène, dans ce travail de réflexion qui se veut un exercice de pensée critique sur des concepts comme : le Savoir, l'Intelligence et la Compétence.

LE SAVOIR, INTELLIGENCE ET COMPÉTENCE

Selon le Petit Larousse, le terme **Savoir** peut-être entendu comme un ensemble cohérent de connaissances acquises au contact de la réalité. C'est-à-dire avoir la capacité, après étude et apprentissage, de pratiquer, d'exercer une activité. Parmi toutes les définitions fournies par le Petit Larousse du concept **intelligence**, je retiens celle-ci : Aptitude d'un être humain, à s'adapter à une situation, à choisir des moyens d'actions en fonction des circonstances.

Et enfin la **compétence** qui est une capacité reconnue en telle ou telle matière (domaine) en raison de connaissances possédées et qui donne le droit d'en juger.

À bien analyser chacune de ces définitions classiques du dictionnaire, on conclura que la Compétence est une combinaison à la fois du **Savoir et de l'Intelligence**.

De la compétence Humaine | Chapitre I

Donc, quelqu'un qui est compétent possède un savoir mis en action à l'aide de l'Intelligence. Tout savoir suppose quelques compétences.

Nous ne doutons nullement que parmi les nombreux dirigeants Haïtiens, il y en a qui possèdent des connaissances. Par exemple, ceux-là qui sont avocats et qui travaillent comme ministres de la justice ou membres du cabinet du ministre de la Justice ou comme juges ou comme défenseurs publics ne possèdent-ils pas une capacité reconnue dans le domaine du Droit ? Si ces brillants avocats que nous chérissons sont compétents, pourquoi ne sont-ils pas capables de rendre meilleur le système judiciaire ?

Ces questionnements peuvent être soulevés pour tous les autres domaines de la vie publique. Nos économistes devenus gouverneurs de la Banque de la République d'Haïti, nos agronomes devenus ministres de l'Agriculture, et j'en passe, ne sont-ils pas souvent issus des grandes universités à l'étranger et de l'Université d'État d'Haïti qui sanctionnent leurs études d'une licence, d'une maitrise ou d'un doctorat sous base d'une évaluation globale de leur compétence ?

Et pourquoi, malgré les compétences certifiées de ces personnalités de renom, tout ce que nous entendons d'elles c'est qu'ils grossissent le rang des corrompus et alimentent la corruption sans le moindre souci des résultats ? Être compétent techniquement sans être doué *d'intelligence propre et de savoir pur* est de la monstruosité pure et simple ! Avant d'énoncer ma vision de la notion d'Intelligence propre ou nette et le savoir pur, il me paraît opportun de tenter d'établir la différence entre deux (2) formes de compétences distinctes ; *la Compétence technique et la Compétence humaine* : la première renvoie à un *savoir-faire*, et la deuxième à la *déontologie* (Éthique) ou la vertu.

COMPÉTENCE TECHNIQUE

Elle exprime un **savoir-faire** mis en œuvre en vue d'atteindre un **résultat** ou une **performance**. L'ébéniste a une compétence technique qui l'habilite à construire une chaise. La chaise est un résultat, une performance. Le Juriste, de son côté, est un professionnel du droit ayant une compétence technique l'habilitant à participer à l'organisation de la société ou tout simplement du système judiciaire.

La qualité du système judiciaire, des décisions de justice est un résultat.

Par extension de sens, la compétence technique est la capacité de faire quelque chose dans un domaine spécifique. La forme dans laquelle on réalise cette activité fait toute la différence. La valeur de la prestation d'un professionnel ou d'un universitaire ne dépend pas seulement de sa compétence technique, mais également de sa déontologie. Ce qui veut dire qu'on ne reconnaît un professionnel qu'à deux conditions : une compétence technique et un comportement déontologiquement adéquat.

De la compétence Humaine | Chapitre I

COMPÉTENCE HUMAINE

La Compétence Humaine elle-même renvoie à la déontologie qui se veut la matrice du bon comportement professionnel ou un code d'exercice professionnel. Elle peut être définie comme étant l'ensemble des règles ou des valeurs à suivre dans la mise en œuvre d'une compétence technique.

Le médecin, vêtu de sa blouse blanche, qui ausculte le malade (patient) exerce sa compétence technique. Parce qu'il est détenteur d'un doctorat l'habilitant à connaître les causes des maladies les plus connues dans sa communauté, et à respecter le protocole de traitement correspondant à chacune de ces maladies. Mais si ce médecin se garde de dire la vérité à son patient dans l'unique but de faire durer le traitement et du même coup soutirer le plus d'argent possible, il se révèle un professionnel de la santé humainement incompétent.

Les compétences humaines sont les vertus attachées à la personnalité d'une personne moralement responsable pratiquant certaines vertus.

Ce sont aussi les qualités personnelles, humaines et relationnelles que montre une personne sur son lieu de travail. Ces qualités ou vertus ne concernent pas les diplômes décrochés ni les connaissances techniques sur un sujet, mais plutôt le savoir-être. Parmi les compétences humaines nous pouvons citer : La loyauté, l'honnêteté, l'empathie, la bienveillance, la sensibilité, le sentiment d'humanité, etc.

Le Miracle de l'honnêteté

LA NOTION D'INTELLIGENCE PROPRE ET DU SAVOIR PUR

Nous entendons ici par *Intelligence propre et Savoir pur* la combinaison, la rencontre de la compétence technique et la compétence humaine. Une personne qui est compétente techniquement et qui ne l'est pas humainement est compétente au rabais. Sa Compétence technique devient alors un fardeau, un vice, un cauchemar.

L'humanité est peuplée de personnes hautement qualifiées et incontestablement compétentes techniquement, mais malheureusement cela ne suffit pas pour offrir un monde meilleur à celui que nous avons aujourd'hui. D'ailleurs, le monde tel qu'il est aujourd'hui est la résultante de toutes les décisions et actions entreprises par ces personnes (les seigneurs du monde, pour citer Jean Ziegler).

L'intelligence propre ou le Savoir pur est l'exercice d'une compétence technique soutenu par la compétence humaine, soit les valeurs interpersonnelles ou déontologiques. Pendant mon parcours universitaire et professionnel, j'ai eu l'opportunité de croiser le chemin de nombreux grands professeurs haïtiens. Je n'ai jamais été aussi en contact avec le savoir que quand j'assistais aux cours dispensés par ces professeurs émérites.

En mon for intérieur, je tentais subtilement de déifier ces professeurs extrêmement compétents techniquement et qui, par l'art avec lequel ils dispensaient leur cours, me subjuguaient. Une fois en poste dans l'administration publique, ces professeurs agissent comme des fieffés crétins inopérants.

Au contraire, au lieu de constater de résultats manifestes ou des améliorations dans les sphères d'activités publiques auxquelles ils sont affectés, on n'entend que leur implication dans des scandales de corruption. J'ai toujours eu au cœur une blessure incurable quand j'entends leurs noms impliqués dans de vastes affaires de corruption.

Je me suis toujours dit comment une personne aussi compétente puisse se laisser salir la renommée. La réponse, je l'ai aujourd'hui. Sans la compétence humaine, la compétence technique est simplement théorique et s'apparente au crétinisme à outrance.

Seule la compétence technique mêlée à la compétence humaine est capable de sortir Haïti du bourbier où elle est. C'est ce mélange de compétence technique et de compétence humaine que nous appelons l'Intelligence propre et le savoir pur, c'est à dire un savoir incompatible à l'impureté morale et aux vices. En d'autres termes, un savoir ou une compétence qui sacrifie l'égocentrisme sur l'autel de l'intérêt général. Transformons Haïti par l'expérience de cette nouvelle forme d'intelligence et de savoir. L'Intelligence totale doit être propre; le savoir, pur !

QU'ARRIVE-T-IL À L'HOMME ?

L'homme dans sa finitude, c'est-à-dire son existence limitée, est en proie à de nombreuses tentations qui risquent de lui faire perdre l'essence de sa vie, sa mission et par la même occasion lui font oublier ses compétences liées aux nombreux défis qui l'attendent sur le parcours de l'expérience mortelle.

**Le Miracle
de l'honnêteté**

A l'origine, nous sommes envoyés dans la condition mortelle pour rendre la terre meilleure, partager l'amour, pratiquer le bien et la justice, faire progresser l'humanité jusqu'à passer de l'homme perfectible (portant les germes de la perfection) que nous sommes à l'homme parfait que nous aspirons à être.

Si nous nous sommes mis d'accord que nous ne sommes pas venus sur cette terre comme par hasard et que de manière presque certaine nous avons une mission à accomplir, cela sous-entend automatiquement que nous sommes dotés d'un pouvoir et des moyens de réalisation. Et pourquoi l'humanité, au lieu de s'améliorer grâce à nos actions, se détériore journellement ? Pourquoi tous ces bruits de guerre dans le monde ? Pourquoi tant de famine dans un monde accusant toujours un excédent de production ? Pourquoi ce décalage entre nos forces, nos pouvoirs et la qualité de la condition humaine ? Le monde tel qu'il se présente aujourd'hui donne l'image d'une jungle où les gros mangent les petits et où il est permis de déroger à toutes les règles de droits, pourvu que l'on soit puissant politiquement, économiquement et militairement.

L'arsenal militaire d'une puissance régionale, loin de servir à protéger d'autres petits pays environnants, sert de menaces constantes sur leur dos et sert à détruire leur économie déjà précaire, leurs vies humaines de tout âge et de toutes circonstances. Pendant les trois dernières décennies, on peut remarquer l'exercice d'une diplomatie flibustière, pirate ou mercenaire consistant à déclarer la guerre ou bombarder des pays sans force de seconde frappe ni de représailles, juste pour piller leurs ressources. Le monde occidental dans sa folie déréglée pense avoir le droit de retirer massivement la vie de milliers de citoyens paisibles, qui ont un désaccord avec leurs dirigeants politiques. Quelle déraison ! Les images à la télévision faisant état des conséquences désastreuses de ces invasions ou frappes militaires nous donnent une idée de la santé mentale mondiale.

UN CONSTAT

Le constat c'est que notre orgueil, nos envies, notre volonté de dominer, de tuer, de tout avoir pour nous, nos fantasmes les plus fous mettent en berne nos compétences humaines (celles qui sont liées à notre personne). Nos folies de toute sorte font de nous des naufragés sur cette terre, alors qu'à l'origine nous n'étions que des envoyés avec une mission bien claire: celle de changer et de transformer le monde en le rendant meilleur qu'avant.

La compétence humaine dont il est question dans ce chapitre est un niveau de progression face aux valeurs humaines. C'est Socrate, Philosophe grec du cinquième siècle av J.C., qui semble expliquer le mieux ce que je voudrais insinuer ici quand il dit que l'excellence est une vertu. On considère comme vertueux celui (le philosophe) qui agit avec excellence, autrement dit qui se laisse guider par la raison. L'excellence ici comprise comme vertu est, selon lui (Socrate) la capacité de vivre au quotidien en suivant un certain nombre de principes et de valeurs dont la pratique permet de mener une vie morale acceptable, autrement dit une vie bonne.

**Le Miracle
de l'honnêteté**

Il n'est pas donné à tous les hommes d'aimer leurs prochains, d'éprouver du respect pour autrui, d'être épris de compassion pour ses semblables et d'agir loyalement envers eux. Ce sont des compétences humaines qui s'acquièrent par l'éducation, par l'effort et la volonté. Cela demande d'être compétent humainement pour être capable de les exercer. Il faut être compétent humainement pour savoir que soustraire frauduleusement la chose d'autrui n'est pas un acte envisageable. Ayant atteint un haut niveau de compétence humaine (loyauté), même celui qui gère de l'argent et qui a la possibilité d'encaisser une petite somme sans courir le risque d'être soupçonné, ne se laisse point entraîner par la tentation. Ce n'est pas parce qu'il n'est pas un voleur qu'il ne le fait pas. Ce n'est pas non plus la crainte qui le dissuade. Il arrive à rester maître de lui-même, malgré ses problèmes financiers, parce qu'il est compétent humainement. Ainsi, il dispose d'une forte conscience morale qui l'empêche de haïr l'autre pour ses progrès, ses exploits, son intelligence, ses talents et ses réalisations.

Tous les maux, les fléaux sociaux qui rongent l'humanité et qui dérangent la paix dans le monde sont une résultante de l'incompétence humaine. Imaginons un instant un monde où tous les dirigeants, les décideurs, les citoyens en général seraient humainement compétents, et parviendraient à agir avec loyauté, éviter toute déraison en mettant l'homme au centre de toutes leurs actions.

L'éminent intellectuel et honorable sénateur de la 48ème législature haïtienne, Eddy Bastien, écrit dans son livre intitulé « Réinventer La République » paru en 2010, qu'il faut que l'Etat aide à la promotion et la réalisation d'une culture du « vivre-ensemble » comme étant l'une des meilleures façons de parvenir à l'harmonie sociale et la paix. Je crois qu'à travers ces propos, l'ex-sénateur voulait insinuer qu'il faut que les acteurs étatiques facilitent la culture de la diversité des valeurs, des lois et des mœurs, la mise en commun de nos forces et capacités en vue de l'exploitation de nos ressources communes au profit des filles et des fils de la nation tout en garantissant l'égalité des chances et la répartition équitable des richesses.

A regarder comment les membres de l'humanité s'entredéchirent, comment les pays occidentaux plus forts et plus puissants économiquement s'évertuent à dominer, contrôler, piller les richesses d'autres pays moins avancés pour y instaurer l'instabilité et le chaos quasi-permanent, quand on constate, à un niveau plus restreint, l'incapacité des citoyens d'un même pays de s'entendre contre leurs oppresseurs et prédateurs, il ne fait aucun doute que l'humanité entière souffre d'une terrifiante INCOMPÉTENCE HUMAINE !

L'homme est devenu si incompétent qu'il ne peut même conserver ce qui fait de lui homme, son humanité. En laissant s'échapper bien loin de lui son humanité, l'homme avoue, sans gêne, son incompétence humaine et son incapacité à se conserver. J'aime bien cette citation du Dalaï Lama, Tenzin Gyatso, chef spirituel des Tibétains : « On s'intéresse à ses membres comme parties de son corps, pourquoi pas aux hommes comme parties de l'humanité ? »

Le Miracle de l'honnêteté

L'HOMME PEUT-IL RECOUVRER SA COMPÉTENCE HUMAINE ?

Cette déchéance dans laquelle patauge l'espèce humaine peut s'expliquer à plusieurs niveaux. Toutefois, dans le cadre de notre réflexion, nous voulons faire remarquer la déconnection de l'homme avec la nature et le rejet des valeurs ancestrales engendrés par la civilisation et les progrès techniques. Ce n'est pas que l'homme ne doive pas évoluer ni aiguiser son intelligence. Nous voulons surtout dénoncer chez l'homme cette tendance à recourir à la science, la technique et l'industrie modernes pour traiter la nature en objet. Cette sauvagerie mercantile de la technique et l'industrie modernes qui s'abat sur la nature a, pour répéter **Max Weber**, désenchanté le monde.

Des millénaires avant nous, les hommes qui habitaient la terre vénéraient la nature et adoptaient une attitude à la fois magique et religieuse à son endroit. Les arbres qui leur offraient leurs ombres sont aujourd'hui dans nos chambres et salons sous formes de tables, de lits et de toutes sortes de meubles. Les feuilles d'arbres qui servaient les premiers hommes de médicaments naturels chassant avec efficience les maux qui rongeaient le corps humain sont aujourd'hui diabolisées sinon jetées aux animaux au profit des poisons chimiques du monde pharmaceutique richissime. La terre est éventrée, les fleuves détournés et les forêts rasées.

Ce désordre total initié dans le monde à partir des progrès techniques et scientifiques modernes ne resterait pas sans conséquences. Il favorise une perte de sensibilité à l'égard des animaux, des ressources naturelles, de l'environnement et de l'homme. Plus le fossé entre la nature et l'homme se creuse, plus l'homme perd de ses forces, s'écarte de sa mission première, met l'avenir de l'humanité en danger et ainsi il devient incompétent face à ses responsabilités humaines. Je partage amplement la valeur que charrie ce proverbe indien : « *Nous n'avons pas hérité la terre de nos ancêtres, nous l'avons empruntée à nos enfants.* »

Il ne faut surtout pas comprendre que je suis en train de minimiser les progrès scientifiques et matériels que traînent derrière elles la technologie et la technique. Je soutiens plutôt qu'il ne faut pas que l'homme continue à aller à grande vitesse vers une sorte de prométhéisme dans sa volonté de démonstration de puissance en s'opposant à la nature en pensant pouvoir l'égaler. En agissant ainsi, l'homme ressemble à un oiseau détruisant la branche sur laquelle il se pose ou la niche qui lui sert d'habitat.

Mon ancien professeur de littérature au Lycée, feu Joseph Jacques Florvil, se plaisait souvent à répéter une citation de Francis Bacon que je trouve bien appropriée : « *On ne commande à la nature qu'en lui obéissant.* » En ce sens que l'homme, Être doué de raison, doit suivre ses règles et s'y conformer en vue de l'utiliser (la nature) à son avantage.

Cette réconciliation avec la nature que prônent beaucoup de penseurs est capable de rendre à l'homme toutes ses compétences humaines et un vrai pouvoir sur l'avenir. Une fois que l'homme se réconcilie avec la nature, montre du respect à son égard, la traite non pas comme un objet mais comme une force supérieure, il sera affranchi de son animalité première et verra sa raison activée à la dimension de ses compétences ou valeurs humaines optimales.

CHAPITRE II
De l'honnêteté

« L'honnêteté est une compétence humaine »

« Nul n'est capable d'honnêteté autant qu'il n'est capable de s'arracher du monde, d'en être détaché ! »
Socrate

Le Miracle de l'honnêteté

L'HONNÊTETÉ, CELA S'APPREND ET SE CULTIVE

Je suis né dans une modeste famille de foi chrétienne mormone (Église de Jésus-Christ des Saints des Derniers Jours), d'un père pratiquant depuis ma naissance le métier de tailleur et d'une mère exerçant le petit commerce d'occasion. C'est dans la charmante ville de Saint Louis du Nord, bas du bourg, que j'ai vécu mon enfance jusqu'à l'âge de quatorze ans avant d'être accueilli par la ville de Port-de-Paix où j'ai fait toutes mes études secondaires.

J'ai connu une enfance contrôlée et surveillée. Je n'avais pas le droit de jouer librement avec les autres enfants du quartier pour que je n'épouse pas leurs mauvaises habitudes.

Selon mes parents, tout contact permanent avec des enfants chez qui la morale chrétienne n'est pas enseignée constitue une entrave pour d'autres enfants.

Pour appuyer et rendre raisonnable cette idée, mes parents ne se lassaient jamais de citer le proverbe 22, le verset 6 « *Instruis l'enfant selon la voie qu'il doit suivre, et quand il sera vieux il ne s'en détournera pas.* »

J'entends, comme si c'était aujourd'hui, la voix de mon père, mon héros, qui nous disait toujours (nous sommes quatre enfants) une seule orange pourrie peut gâter tout un panier rempli de bonnes oranges ! Aux yeux de mes parents, nous n'étions pas forcément supérieurs aux autres enfants, ils essayaient plutôt par ces enseignements d'établir un mode de prévention. À la vérité, même l'ombre de la rigueur parentale qui surplombait sur nous n'existait chez la majorité des enfants du quartier. Ils avaient un peu plus de liberté que nous ne l'avions.

En tant qu'enfants, nous ne pouvions pas faire tout ce qui nous plaisait. Nous étions obligés de faire ce qui était conforme aux règles et instructions passées. Dès que nous outrepassions la limite autorisée, nous étions punis avec la plus grande sévérité.

QUI AIME BIEN CHÂTIE BIEN

Ma tendre mère et mon père, deux monuments humains, sont le modèle parfait des parents qui ne veulent rien que du bien pour leurs enfants. Ils étaient durs. Leurs corrections étaient sévères. Aucun enfant de notre quartier ne pouvait connaître plus de raclées que nous (des larmes tombent de mes yeux en écrivant cela), mais aujourd'hui je comprends que ce n'était qu'une autre façon de manifester leur amour à l'égard de leurs enfants. C'est donc cela qui m'aide à comprendre cet adage médiéval latin : « ***Qui bene amat, bene castigat.*** » Qui aime bien, châtie bien !

Comme mon père est un passionné de lecture, surtout les livres canoniques (la Bible, le livre de Mormon et les Doctrine & Alliances etc.), les proverbes de Salomon ne jouaient pas en notre faveur. Mon père retenait surtout les deux extraits suivants : « *Car l'Éternel châtie celui qu'il aime, comme un père l'enfant qu'il chérit.* » *(3, 12)* ou « *Celui qui ménage sa verge hait son fils, mais celui qui l'aime cherche à le corriger.* » *(13, 24)*. Ils endurcissaient sa conviction punitive de l'éducation.

J'avais peut-être 12 ans, je me questionnais sur le fait qu'une même action commise par un autre enfant du quartier suscitait le rire de ses parents, alors que cette même action attirait sur moi une « pluie de coups de fouets ! »

Aujourd'hui, âgé de 40 ans, je vois la différence entre ces enfants et moi : je suis un adulte libre, tandis que beaucoup de ces enfants devenus adultes font la prison à perpétuité, sont drogués, meurent hâtivement à cause de leur comportement excessif et déréglé, etc.

Mes expériences m'enseignent que l'honnêteté s'apprend et se cultive tout au long de la vie et que cette vertu, autrement dit cette compétence de l'âme humaine ne s'acquiert pas par automatisme. De même que le boulanger utilise un moule en rond pour avoir un pain en forme ronde, l'individu, pour acquérir un niveau acceptable de compétence humaine, doit recourir au moule de l'honnêteté qui est d'abord et surtout la famille (le foyer).

LA CONTRIBUTION DE L'ÉDUCATION RELIGIEUSE DANS LA FORMATION MORALE

Selon les exigences faites aux parents pratiquant le culte mormon, les parents doivent organiser des activités d'éducation religieuse au foyer en vue d'inculquer les valeurs morales et spirituelles à leurs enfants.

La doctrine mormone enseigne que les parents rendront compte à la barre du jugement dernier pour leurs enfants s'ils ne leur montrent pas le droit chemin qui mène à la repentance, à une vie vertueuse et surtout à la vie éternelle. Disons-le tout net : les parents sont tenus responsables de la mauvaise conduite des enfants si l'effort de les instruire n'a été consenti.

Pour ne pas être tenus responsables, mes parents obéissaient jalousement à ces principes et organisaient des activités routinières concourant à notre éducation. Chaque matin, nous étions obligés de nous diriger vers la chambre de nos parents, nous agenouiller pour prier Dieu. Lui remerciant pour la nuit passée en bien, lui demandant pardon pour nos écarts, la protection pendant cette nouvelle journée et la volonté de choisir le bien plutôt que le mal.

**Le Miracle
de l'honnêteté**

A cet espace coutumier que nous appelions dévotion matinale, mon père enseignait pendant au moins 20 minutes un principe de l'évangile, une valeur morale. Il y partageait aussi les inspirations qu'il recevait pour sa famille. Parfois, traversé profondément par ce qu'il enseignait, il pleurait. Certaines fois, toute la famille se mettait à pleurer comme pour remercier le Saint Esprit de sa visite et de son soutien. Je ne peux compter le nombre de fois que nous devions (mes 2 frères, ma petite sœur et moi) arriver en retard à l'école parce que la dévotion matinale durait plus longtemps que d'habitude.

Une autre activité que les mormons appellent la « Soirée familiale » a lieu chaque Lundi soir. Toutes les familles mormones sont invitées à organiser une telle activité une fois par semaine pour enseigner l'évangile au foyer, discuter des décisions de la famille pour que les enfants en prennent connaissance, donnent leur avis et participent à la prise de décision. C'est aussi un espace où les enfants ont la chance de mentionner les repas qu'ils n'ont pas aimés, les décisions trop rigides prises par leurs parents au cours de la semaine écoulée. Les parents aussi disent les comportements qu'ils n'ont pas aimés et les changements qu'ils souhaitent voir.

Après toutes ces discussions, toute la famille savoure ensemble un petit souper préparé à cet effet. Ces soirées familiales sont des moments précieux et constituent un espace de consolidation de la famille et surtout un canal de transmission des valeurs morales et spirituelles. J'encourage toutes les familles du monde à créer des espaces de ce genre pour enseigner aux enfants et leur transmettre les bonnes valeurs.

De l'honnêteté | Chapitre II

C'est dans ces réunions familiales que j'ai appris le sens et l'importance de certains concepts comme l'honnêteté, la loyauté, la justice, la vérité, l'amour, la charité, la compassion et l'entraide. J'ai aussi appris à les cultiver et intérioriser. J'ai grandi avec ces valeurs comme un indice de ce qui est bien. Jusqu'aujourd'hui, face à une situation où deux options s'imposent, je me demande toujours quelle est celle qui s'apparente à la loyauté ? Quel est le choix de la justice ? La vérité est de quel côté ?

On peut généralement critiquer l'approche moderne de certaines églises d'aujourd'hui qui sont frappées des faiblesses humaines, c'est-à-dire de l'incompétence humaine, et qui servent d'entreprises mercantiles à certains dirigeants manipulateurs. Cependant l'église à bien des égards, quand elle est dirigée par des hommes ayant reçu le pouvoir du Saint Esprit consolateur, sert à attendrir l'âme humaine et constitue un moule dans laquelle est formée la personnalité morale de qui met en pratique les enseignements. L'église provoque dans l'esprit des citoyens une certaine angoisse du péché.

Je témoigne que les enseignements de l'Eglise de Jésus Christ des Saints des Derniers jours (Mormon) m'ont aidé à grandir dans une certaine continence et la peur de perdre toutes les possibilités éternelles qui s'ouvrent devant moi si je refuse de mener une vie juste où l'effort du repentir est effectué journellement. De l'avis de l'Eglise mormone, ce n'est pas qu'on doive être sans péché, mais l'important c'est de réparer ses péchés, les abandonner et s'en repentir. J'avoue avec sincérité que ces enseignements ont influencé ma vie et m'ont aidé à cultiver le plus possible l'honnêteté, cette compétence humaine dont on parle dans ce chapitre.

L'APPROCHE PUNITIVE DANS LA FORMATION MORALE

Le foyer dans lequel j'ai grandi n'était pas une prison, mais ce n'était pas non plus un espace de liberté où les enfants pouvaient se permettre d'agir n'importe comment. Malgré les espaces de discussions et d'enseignement (la dévotion matinale et la soirée familiale hebdomadaire), mes parents n'hésitaient pas une seconde dès qu'il s'agissait de corriger des mœurs qui n'étaient pas en adéquation avec les préceptes bibliques. Cette correction pouvait être une bonne fessée, une réprimande verbale sévère, une privation de nourriture pendant des heures, se mettre debout sur un seul pied pendant un quart d'heure ou, au pire dépendamment de la gravité de la faute commise, être enfermé tout seul pendant des heures dans une chambre. C'était une forme d'isolement pour dire à l'enfant qu'il était insociable pendant cette période, et qu'à cause de l'acte posé, il perdait de ses droits et privilèges pendant un certain temps. C'étaient des moments de méditation et de réflexion pour l'enfant puni de cette façon. Enfermé dans une chambre, il versait des larmes de regret.

Je me demande par quel art mes parents arrivaient à transformer une chambre dans laquelle on se plaisait à dormir, en une cellule de prison ? J'avoue que ces contraintes parentales, à nous imposées, ont fait de moi un citoyen honnête. Honnête dans le moindre contact avec autrui et avec moi-même.

Malgré les persécutions, les ennuis et la haine, je reste attaché à cette rarissime compétence humaine.

L'APPORT DE LA PHILOSOPHIE
DANS LA FORMATION MORALE

Contrairement à ce que veut faire croire une frange de la communauté chrétienne, la philosophie n'éloigne pas systématiquement de Dieu ni du droit chemin, celui qui la pratique. Luc Ferry, philosophe français, dans son livre « Une histoire de la philosophie » paru en 2021, explique comment le philosophe Schopenhauer voit dans la philosophie non pas une religion, mais une spiritualité laïque. C'est-à-dire une spiritualité sans Dieu ! Selon le Philosophe, la religion poursuit le même objectif de départ que la philosophie ; *celui de donner un sens à la vie, de vaincre l'angoisse métaphysique liée à la finitude (le fait que nos vies soient limitées dans le temps) en posant aux mortels une définition de la sagesse et de la vie bonne.*

Les grands thèmes de la philosophie sont: la justice, la vérité, l'honnêteté, le bien et le beau, la mort, la morale etc. N'est-ce pas là aussi les grands thèmes de la religion chrétienne ? Ce qui différencie la philosophie de la religion c'est que la religion s'articule autour de la « FOI » et la philosophie autour de la lucidité de la « RAISON ».

Certes, il existe des philosophes qui ne croient pas en l'existence d'un Dieu comme un personnage qui surplombe tout comme le décrit la religion chrétienne, mais la divergence de vues sur la question de Dieu dans le milieu de la philosophie n'empêche la philosophie d'être la meilleure partenaire de la religion dans sa mission de rendre les hommes bons pour qu'ils soient sauvés. La philosophie elle aussi, dans sa quête de vérité, ne vise qu'à rendre les hommes bons. Et dans sa tentative de *sauver l'homme par l'exercice de sa raison, elle devient « une doctrine du salut sans Dieu. »*

La partie de la philosophie générale que l'on appelle la Philosophie pratique ne s'intéresse qu'aux actions et activités de l'homme. De même que la philosophie morale, en tant que branche de la philosophie pratique, prône la primauté du bien sur le mal, toutes les activités de la religion chrétienne sont censées avoir pour but ultime la victoire du bien sur le mal. D'où la rencontre de la philosophie et de la religion chrétienne! Tenant compte de cela, je me demande pourquoi on alimente cette haine de la philosophie dans le milieu chrétien?

A côté de l'éducation religieuse solide que j'ai reçue, la philosophie est l'autre domaine qui m'a permis de renforcer mes convictions morales et mon sens prononcé de l'honnêteté. Au début de ce chapitre, je vous ai laissé une pensée de Socrate sur l'honnêteté comme épigraphe : « *Nul n'est capable d'honnêteté autant qu'il n'est capable de s'arracher du monde, d'entre être détaché !* »

Du point de vue de Socrate, l'individu doit se détacher du monde pour être capable d'honnêteté. Cela sous-entend qu'il faut que l'individu suive un ensemble de règles et de principes, il faut qu'il évite d'agir comme le commun des mortels.

Il doit se distinguer du monde et proclamer sa rareté en agissant dans le sens du bien et de la vérité ; il refuse avec vigueur la facilité dans laquelle plonge la majorité.

Socrate utilise le mot capable à dessein comme pour rappeler que l'honnêteté est une compétence et en tant que telle seule une minorité en sera capable. Cette minorité sera composée de tous ceux qui font l'apprentissage de cette vertu et qui auront consenti de nombreux efforts.

Quand en classe terminale au Lycée Tertulien Guilbaud de Port-de-Paix où je faisais la Philo A (section des lettres), j'ai fait, pour la première fois, connaissance avec la philosophie grâce aux professeurs Enold JOSEPH et Eddy Bastien, tous deux originaires de Saint Louis du Nord, je me suis rendu compte que ce domaine était en quelque manière complémentaire à ma formation morale chrétienne. C'est peut-être parce que la philosophie ne m'a pas détourné de ce que l'éducation chrétienne m'a appris sur la morale, l'honnêteté, la justice et la loyauté que j'en suis aussi profondément tombé amoureux. La philosophie est un mode de vie !

INSPIREZ-VOUS DES BONNES ACTIONS

Mon ancien professeur de philosophie, l'ex-sénateur Eddy Bastien, est l'une des rares personnes avec qui je n'avais aucun lien familial à avoir exercé le plus d'influences sur moi sur le plan de l'honnêteté et de la morale en général. L'humilité de cet homme, sa simplicité remarquable, sa modestie, son renoncement à la richesse facile et son calme habituel m'ont

**Le Miracle
de l'honnêteté**

envoûté dès nos premiers contacts. J'ai participé activement à sa campagne électorale en 2006 en tant que responsable de communication et du secteur jeunesse.

A cette fonction bénévole, j'étais chargé d'écrire et de produire les spots de propagande électorale, d'influencer les jeunes à voter pour lui et de prendre la parole dans toutes les rencontres publiques. Nous avons mené une campagne électorale sans la force de l'argent. Tout ce qui jouait en notre faveur c'est que l'honnêteté du candidat Eddy Bastien était connue de tous même des paysans vivant dans des zones éloignées et d'accès difficiles. Je prenais force quand dans des zones rurales, de jeunes hommes et femmes se mettaient debout dans l'assistance pour dire qu'Eddy Bastien était leur professeur.

Ils en profitaient toujours pour louer l'honnêteté de cet homme. Ces témoignages ont rendu la tâche facile et nous ont permis de conquérir le cœur des votants avec plus d'aisance. Il fut élu sénateur du Nord-Ouest.

Quelque mois après son élection, le sénateur Bastien devait se rendre à Saint Louis du Nord pour participer à la fête patronale de sa ville natale où beaucoup de sympathisants avaient remué ciel et terre pour l'aider à obtenir un vote massif.

En général, lors des fêtes patronales, les élus sont attendus par une foule immense qui attend de recevoir des enveloppes contenant de l'argent. Le sénateur Eddy Bastien était confronté à un double problème : il était fauché, donc il ne pouvait faire aucun geste généreux à l'égard de ses sympathisants ; en outre, ne pas venir assister à la messe traditionnelle commémorant la fête patronale en la cathédrale de Saint Louis Roi de France serait un mauvais coup politique. Sur les conseils de ses proches, dont moi-même, il décida de venir avec pour stratégie de ne pas se faire voir en public avant la messe officielle.

J'étais là dans une petite chambre chez la mère du sénateur en compagnie de sa femme Elizabeth Etienne, son grand frère Jocelyn Bastien et lui-même. Rien ne laissait présager que les sympathisants allaient venir se masser devant la porte d'entrée de la maison, puisque le sénateur n'est pas rentré triomphalement dans la ville et le véhicule officiel était déjà caché dans un garage couvert. Soudainement, une foule immense arriva devant la porte d'entrée :
-Dites au sénateur que nous sommes là. Il sait déjà ce que nous sommes venus chercher.
Les pressions montent. La chambre devient chaude telle une fournaise ardente. On sue à grosses gouttes. Ces militants ne comprendront jamais qu'un sénateur n'a pas d'argent pour leur offrir, marmonne la femme du sénateur. Les minutes s'égrènent. Personne n'ose sortir pour adresser le moindre mot à ces militants déjà mécontents.
Un ange passe, pour reprendre une expression de la langue française décrivant un moment de silence total, le téléphone du sénateur sonne. Un citoyen du département, connu pour ses liens avec le trafic de drogue, l'appelle.
 -Sénateur Eddy Bastien, comment est-on ?
-On est là, on ne fait que lutter, répond Eddy Bastien

| Le Miracle
| de l'honnêteté

- Sénateur, je sais que vous êtes dans la zone, je vous prie de me prêter votre véhicule officiel pour une durée de 45 minutes. En vous le rapportant, je vous donnerai une enveloppe de 40,000 dollars américains !
- Je ne peux pas vous le prêter, c'est un véhicule de fonction officielle accordé par l'état haïtien, rétorque Eddy Bastien !
Il faut avoir un moral solide, un sens de loyauté et d'honnêteté très prononcé pour ne pas succomber à ces puissantes tentations. Cet évènement a bouleversé ma jeunesse et augmenté mon admiration pour Eddy Bastien. J'ai encore en mémoire d'autres actions qui témoignent de l'attachement profond de l'ex-sénateur à ses convictions morales inébranlables. Je ne suis pas le seul à faire l'apologie de la loyauté de l'ex parlementaire. Il est parmi les rares élus haïtiens depuis 2006 jusqu'à aujourd'hui à n'avoir sur leur dos le poids d'aucun soupçon de corruption, de malversations, d'excès de pouvoir ni d'enrichissement illicite.

D'ailleurs, pendant son mandat, son humilité et son désintéressement de la richesse facile étaient une source de moquerie et de raillerie. Pourtant, aujourd'hui on ne peut se permettre de parler de politiciens honnêtes en Haïti sans faire référence à Eddy Bastien et quelques autres rares exceptions. Je m'inspire de sa vision du monde, sa passion de l'intérêt général et surtout sa façon de cultiver l'honnêteté. Contrairement à la majorité des politiciens qui pensent que la morale et la politique ne sont en rien complémentaires, il pense que nous devons en tout temps et en tous lieux assainir et moraliser la vie publique. Il me l'a toujours dit : « *Daniel, celui qui détient le pouvoir public n'est pas un chef ni un super homme, il n'est qu'un simple serviteur. C'est un privilège que nous avons d'être investis du pouvoir de participer et d'organiser la vie publique. Servons honnêtement la patrie et nos compatriotes !* »

MES PREMIERS PAS VERS L'AUTONOMIE FINANCIÈRE ET LA TENTATION À LA MALHONNÊTETÉ

Après mes études classiques, j'ai laissé la ville de Port-de-Paix à destination de Port-au-Prince en vue d'entamer mes études universitaires. A cause des difficultés inhérentes à la vie d'étudiant, j'ai dû me mettre à la recherche d'un emploi. Mon estimable ami d'enfance Robens MAXI m'apprit que l'ONG où il militait comme cadre, venait d'enclencher un processus de recrutement pour le poste de Coordonnateur de terrain. Cette opportunité d'emploi paraissait comme l'occasion à ne pas rater. Nous sommes en 2009.

Plusieurs jeunes aspiraient à l'obtention dudit poste. Lors de l'interview d'embauche, j'ai fait une prestation remarquable, alors que je n'étais qu'en première année universitaire. Mais, une brillante jeune femme qui avait déjà une licence en psychologie et qui faisait à l'époque un Master en Population et Développement attira beaucoup plus l'attention du panel de décision. Celui-ci jeta, presque à l'unanimité, son dévolu sur elle.

Un matin, une charmante voix m'appelle au téléphone pour m'annoncer que malheureusement le choix n'a pas été fait de moi pour le poste. J'ai remercié malgré moi la dame qui

**Le Miracle
de l'honnêteté**

m'a appelé pour partager avec moi la décision du panel. Le téléphone, une fois raccroché, je fis la prière suivante : "Mon Dieu, je sais que cette décision n'est pas la tienne, car tu sais combien j'ai besoin de ce travail. J'attends qu'elle m'appelle pour me dire qu'il s'agissait d'une erreur. Amen" !

Le premier lundi qui suivait le fatal appel téléphonique, j'ai appris que la jeune psychologue retenue pour le poste, commençait déjà à travailler et occupait le bureau préposé à cette fonction. Ma foi et ma conviction restèrent intactes. Je me rappelle avoir dit à Robens : cette fonction est mienne, j'attends qu'on m'appelle pour venir travailler.

Trois jours plus tard, le jeudi de la même semaine, la jeune dame dit au bureau qu'elle ne compte plus revenir car elle est bien trop qualifiée pour le salaire qu'on lui a proposé, soit 300 dollars américains.

Robens MAXI qui était dans le secret des dieux se précipita pour m'appeler et m'annoncer que la jeune dame venait de renoncer au poste et que nécessairement on ne tarderait pas à me le proposer. Ma joie, ce jour-là, je ne peux jusqu'à maintenant la décrire.

Quelques instants après l'anticipation de mon ami, la même voix, qui m'avait appelé pour m'annoncer la mauvaise nouvelle, m'apprit que l'institution était prête à me confier le poste si j'acceptais le salaire mensuel de trois cents (300) dollars américains soit l'équivalent de douze milles (12,000) gourdes. Je répondis avec gaieté de cœur que j'acceptais la proposition et que je voulais commencer à travailler dès le lendemain. Tout excité !

Mon Dieu, tu as répondu à ma demande telle que je l'ai faite, dis-je au-dedans de moi, pendant que des larmes de joie inondaient mon visage.

PASSER DE 0 À 12,000 GOURDES

Le salaire de 300 dollars américains que me payait cette organisation internationale était mon premier pas vers l'autonomie financière. J'en ai épargné mensuellement une partie pour constituer un fonds d'investissement en vue de lancer ma première entreprise, **"Dal Papeterie."** Quelque neuf mois plus tard, elle commençait à fonctionner dans une partie de la maison familiale à Port-de-Paix, avec le consentement de mon père, Seldieu LORISTON et de ma mère, Yvanette JOSEPH.

A 26 ans, je lançais mes premières pierres dans le monde entrepreneurial. L'un des points forts de cette entreprise était le service d'impression et de photocopie. J'apportais un changement radical dans ce domaine. C'est grâce à la politique de prix de cette jeune entreprise révolutionnaire que tous les établissements scolaires du département du Nord-Ouest ont automatiquement accepté de présenter à leurs écoliers des textes d'examens dactylographiés. Avec la présence de Dal Papeterie, le marché noir dans le domaine de la photocopie était banni. À la suite de cette transformation sur le marché, les persécutions et les « frappes » mystiques étaient au rendez-vous ! Un matin sur deux, on trouvait toujours sur la galerie de la maison qui loge l'entreprise des signes d'activités fétiches. Cela n'a pas été du tout facile !

CONFRONTÉ À LA MALHONNÊTETÉ

Il m'a fallu seulement un mois dans ma nouvelle fonction de coordonnateur de Terrain (Field Coordinator) pour commencer à découvrir que certains des collègues de travail avec qui je collaborais au sein du bureau avaient des pratiques malhonnêtes et s'adonnaient à la corruption.

Leurs actions étaient considérées à leurs yeux comme normales, puisqu'il s'agissait de l'argent d'une ONG récolté auprès des bailleurs de fonds. Certes, c'étaient des fonds offerts par des bailleurs, mais l'objectif était d'améliorer les conditions socio-économiques des bénéficiaires du programme qui ne sont que nos frères et sœurs pataugeant dans la misère et le sous-développement.

Une des activités de ce programme consistait à payer l'écolage des enfants bénéficiaires dans les zones de **Martissant, Fontamara, Bizoton, Thor, Cotes-Plage, Mahotière, Arcachon, Brochette, Waney, Lamentin, Marianie et Carrefour.**

Il est arrivé que certains agents de terrain qui faisaient la liaison entre les directeurs des écoles communautaires et l'ONG ont trouvé un compromis avec certains responsables d'école en vue de majorer le prix des frais scolaires annuels qui étaient, à l'origine, généralement bas.

Ainsi, pour une année scolaire dont le prix était 3000 gourdes, l'organisation était facturée entre 10,000 et 15,000 gourdes.

En tant que coordonnateur fraîchement recruté, j'ai reçu de la comptabilité un lot de plus de 300 chèques avec des souches mentionnant le nom de l'enfant pour qui le chèque avait été émis et le nom de l'école à laquelle le chèque devait être remis. Mon travail autour des chèques se limitait à vérifier si le nombre des enfants bénéficiaires inscrits dans le programme correspondait au nombre de chèques émis. A la suite de la comparaison, je devais remettre les chèques aux agents de liaison. Ces derniers étaient chargés de les livrer aux responsables d'école. Alors, je décidai de faire plus que ce qu'on m'avait demandé de faire.

En vérifiant le montant inscrit sur certains chèques destinés à des écoles communautaires, quelque chose en moi me disait que certains montants paraissaient douteux. Comment des écoles communautaires pouvaient-elles coûter si cher ? Alors que d'autres écoles privées de la capitale coûtaient à peu près la même somme pour une année ? Exercice de pensée critique !

Pendant que j'effectuais ce travail, les agents de liaison envahissaient mon bureau pour réclamer les chèques et les livrer aux écoles. Je leur ai demandé d'attendre un peu, le temps pour moi de terminer la comparaison. Certains me promettaient de m'aider à aller plus vite, d'autres me disaient: « tu es nouveau, tu ne maitrises pas encore tes tâches ». Je gardais mon calme et feignais qu'effectivement en tant que nouveau, je voulais prendre le temps de tout vérifier pour ne commettre aucune erreur. Pourtant, leur ténacité à avoir les chèques ne faisait qu'augmenter mes soupçons. Ma conscience ne me permettait point d'occasionner ni d'alimenter des actes malhonnêtes. Ce serait renoncer à toutes ces valeurs morales que j'avais acquises au cours de mon éducation familiale, religieuse, et philosophique.

J'ai décidé de fermer à clé les chèques dans mon bureau, solliciter le chauffeur qui était disposé à me transporter à quelques écoles triées au hasard pour vérifier le prix réel des frais scolaires. A quelque distance de l'école, je demande au chauffeur de me laisser marcher pour ne pas laisser comprendre que je suis un employé de l'ONG. Je fais croire aux directeurs que je viens de rencontrer un enfant démuni non scolarisé pour qui j'aimerais payer une année scolaire moyennant que je trouve le bordereau scolaire relatif à sa classe. La lecture des bordereaux me jeta dans l'indignation la plus totale.

LES MALHONNÊTES SONT PRÊTS À TOUT

Les agents de liaison, une fois au courant du travail de vérification auprès des directions d'écoles, n'arrivaient pas à dissimuler leurs appréhensions et leur colère. Certains m'appelaient pour me dire qu'ils décidaient de partager le surplus avec moi, même si je devais en avoir 70% et eux 30%. Ils m'ont déclaré que j'étais en train d'aller à l'encontre d'une pratique qui était en vigueur depuis quatre ans. Ils m'ont fait remarquer qu'avant mon intégration, mes prédécesseurs s'y accommodaient allègrement.

Ma réponse était claire : « ce serait malhonnête de ma part que de soutirer une gourde en plus des 12,000 gourdes pour lesquelles j'ai signé mon contrat de travail. »

Un de ces agents de liaison dont je garde encore l'image en mémoire, très agressif, m'a demandé si je ne craignais pas de laisser ma peau sur une pile de fatras ? Il m'a rappelé qu'il vivait dans un quartier populaire où des hommes étaient payés pour tuer des gens journellement. Je me rappelle lui avoir dit que mes parents enseignaient qu'il vaudrait mieux mourir que de commettre un seul acte malhonnête.

Une citation de Socrate que j'ai lue en classe terminale a renforcé ma conviction : *« Je m'estime trop grand pour m'abaisser à prouver l'excellence de ma vie. Je préfère mourir que de mendier la faveur de vivre »*.

J'ai mis une semaine avant de terminer mon travail d'épuration et de redressement. Les résultats étaient vraiment impressionnants : j'ai pu retourner trois (3) millions de gourdes dans les caisses de cette ONG sans que personne ne me l'ait demandé et sans volonté d'être récompensé. Je l'ai fait parce que je savais que c'était le bien, et que c'était en conformité avec l'honnêteté. Chaque fois que nous posons une action qui va dans le sens de l'honnêteté, c'est qu'un miracle a lieu.

PASSER DE 300 À 1000 DOLLARS

Après quelque mois dans cette fonction, grâce aux expériences accumulées, mon Curriculum Vitae devint plus convainquant et me permit de décrocher un nouvel emploi toujours dans le secteur des ONGs, mais à un poste plus intéressant et mieux payé. Je suis passé de trois cents (300) à mille (1,000) dollars américains mensuellement.

Cette augmentation de revenu a considérablement renforcé la marche de ma petite entreprise. Chaque mois, j'investissais 700 dollars de mon nouveau salaire. Je croyais fortement à l'investissement et comprenais que mon salaire était la première source de financement pour ma jeune entreprise.

PASSER DE 1000 À 1500 DOLLARS

Le séisme dévastateur du 12 janvier 2010, ayant fait plus de 300,000 morts en quelque secondes, a augmenté au sein des ONGs la recherche des professionnels expérimentés capables de travailler dans des situations d'urgence humanitaire et dans les zones d'accès difficile. Une autre ONG me recruta pour un nouveau poste dans un programme d'intervention d'urgence et m'offrit un salaire de 1500 dollars. Une autre augmentation de revenus qui m'a permis de renforcer mes investissements. Je dois faire remarquer que tout cela se faisait en un temps record, mais je n'ai pas changé de train de vie. Je continuais à investir dans ma petite entreprise et épargnais de l'argent pour constituer un fonds d'investissement à moyen terme. Contrairement à d'autres jeunes de mon âge qui achetaient des gadgets, de jolis habits et d'autres objets de tendance, j'ai continué à mener le même style de vie qu'avant. A cette nouvelle fonction, mes responsabilités étaient plus grandes. Je dirigeais un programme de développement de zone pour la World Vision International dans la région du Plateau Central.

Un budget annuel de **900,000** dollars américains était alloué à ce programme. Je me rappelle comment je me suis évertué à orienter l'utilisation de ces fonds vers l'amélioration de la qualité de vie des enfants de la zone. Un seul centime de ce montant n'a été mal dépensé.

Je m'enorgueillis d'avoir eu le privilège de gérer un montant aussi important sans avoir été tenté de détourner un seul centime ni à mon profit ni au profit de quiconque. Toutes ces expériences que j'ai eues depuis mon jeune âge m'ont exposé à des situations de fortes tentations m'ayant permis de raffermir mes convictions et mon attachement à l'honnêteté et la transparence en matière de gestion. Tous mes collaborateurs immédiats, tous les comptables et chefs de projets étaient conscients de ma pureté en cette matière.

Le jour où je quittais la World Vision, une réunion festive a été organisée en mon honneur et en présence de beaucoup d'autres cadres de l'organisation comme **Evenel MOROSE**, **Etzer Beaura**, **Paulaine SAINVAL** etc., des membres d'organisations communautaires et paysannes de Coladère et de mes supervisés. Les émotions étaient intenses quand des paysans, des collaborateurs, et même ceux que je savais réprimander sévèrement ont pris la parole pour déclarer qu'ils n'ont jamais rencontré un jeune homme aussi tenace en ce qui a trait à la transparence et l'honnêteté.

Certaines personnes ont versé des larmes de regret à l'occasion de mon départ. La plus grande force qui puisse exister, c'est l'honnêteté.

Le Miracle de l'honnêteté

DERNIÈRE EXPÉRIENCE DE TRAVAIL À PLEIN TEMPS

En 2012, j'ai accédé à un poste de direction. C'était aussi mon dernier pas dans le secteur des ONGs. Cette fonction m'a valu une promotion salariale assez importante. Je suis passé d'un salaire de 1500 à 3000 dollars américains mensuellement, ajouté à cela, un frais de fonctionnement de 15,000 gourdes.

Ce dernier salaire m'a permis d'épargner environ 2000 dollars américains par mois pendant au moins 6 mois. Cela demande une certaine discipline et une bonne intelligence financière : en général quand une personne ordinaire reçoit une augmentation salariale elle révise à la hausse son train de vie.

Après 9 mois à ce nouveau poste, j'ai démissionné en vue de retourner à Port de Paix et me consacrer uniquement à mes entreprises commerciales. C'était une décision de courage qui s'apparentait à la folie, pourtant c'était un risque calculé et une aventure que je n'ai jamais regrettée !

J'ai pris le temps de mentionner tous mes salaires, non pas pour montrer que j'ai été bien payé, mais pour apprendre aux jeunes comment je les ai utilisés avec efficacité et comment j'ai procédé pour construire un important fonds d'investissement à court terme. Baissez votre train de vie dans le présent, épargnez de l'argent avec un rythme constant, vous serez capable de dessiner un avenir lumineux grâce à l'augmentation de votre intelligence financière. C'est ce que je fais tout le temps !

De l'honnêteté | Chapitre II

LE CHEMIN DE L'HONNÊTETÉ EST UN COMBAT ACHARNÉ

En septembre 2013, je suis retourné dans la ville de Port-de-Paix dans l'objectif de m'adonner totalement à l'entrepreneuriat. L'année précédente, ayant eu le privilège de visiter le Canada, j'y ai vu un restaurant extraordinaire. Dès ce jour-là, je me suis dit : « quand j'aurai les moyens, j'offrirai un restaurant de cette qualité à la ville qui m'a vu grandir ». Grâce à l'épargne d'un montant considérable que j'ai pu faire à partir de mes derniers salaires, j'avais plus de 80% du montant que je devais investir pour réaliser ce projet (établir un restaurant standard et de qualité internationale).

Quelque mois plus tard, j'ai lancé ma 2ème entreprise du nom de **Dal Restaurant.** C'était un investissement de plusieurs millions de gourdes. Pour achever ce projet j'ai dû recourir au Micro-Crédit National, une filiale de la **UNIBANK** pour un prêt de 800,000 gourdes, parce que mes fonds propres coulaient rapidement.

Le concept Dal Restaurant était un concept révolutionnaire. Un restaurant que la ville allait voir pour la première fois. C'était un restaurant de luxe dans une ville poussiéreuse. En si peu de temps, il a su attirer plus de 95% des visiteurs (les délégations officielles et internationales) et plus de 80% de la clientèle locale. Une des innovations de ce concept consistait en un buffet qui offrait une variété de plats et qui épargnait au client le fardeau que leur imposaient les autres restaurants traditionnels, à savoir attendre jusqu'à 45 minutes avant d'avoir le plat commandé quel que soit le niveau de sa faim ou de son empressement. Avec le concept Dal Restaurant, le client, juste après avoir placé sa commande, commençait à déguster son plat de choix gardé à chaud dans une vitrine chauffante à l'aide de la méthode « **bain-marie.** »

Dès sa première semaine de lancement, Dal restaurant connut un succès fulgurant. Cela était dû aux technologies qui y étaient utilisées et aux matériels de standard international qui augmentaient sa capacité de production rapide et massive.

La salle de consommation était similaire à une cour de récréation tous les midis au moment du lunch des institutions publiques et privées de la zone. Mon épouse et moi, avions mis toute notre âme et passion de jeunesse dans ce projet pour servir la différence sous forme de plats à nos clients.

Si Dal Restaurant connaissait un grand succès dès son lancement grâce à l'innovation qu'il apportait, il a du même coup secoué les autres restaurants traditionnels établis il y a des années avant lui. On ne s'en rendait pas compte, mais les autres restaurants étaient comme fermés.

La majorité des clients partaient vers Dal Restaurant quand le besoin de manger se faisait sentir. Au lieu de prendre des initiatives pour équilibrer la concurrence (ce qui serait profitable aux consommateurs), certains propriétaires de restaurant décidèrent d'agir à l'haïtienne. Une bataille mystique s'organisait contre Dal Restaurant.

LE POUVOIR DE LA SORCELLERIE HAÏTIENNE
DANS LA DESTRUCTION

Un jour, un de ces propriétaires de restaurant est venu nous rendre visite. S'est assis tout en admirant les jolies tables construites en bois et les chaises en paille de Dal Restaurant faites des mains d'artisans haïtiens. A acheté un Coca Cola avant de prendre congé de nous. Cet homme n'était pas venu réellement consommer, mais était en possession d'une « charge mystique » appelée couramment dans le langage des vodouisants « expédition ». Celle-ci consistait à placer un démon (Baka) à chacune des deux extrémités de la porte d'entrée du restaurant. Le positionnement de ces esprits maléfiques à la porte d'entrée était stratégique.

Ces démons avaient pour tâche de fermer la porte principale du restaurant.

Vous vous demandez peut-être comment un esprit peut-il fermer une porte qui est une matière physique ? Vous avez raison de vous poser une telle question ! Mais n'oubliez pas que l'esprit peut se projeter sur la matière ! Ces entités spirituelles (les BAKA) qui sont des créations de l'homme ont un haut niveau de pouvoir et exécutent avec une précision presque sans failles les ordres qu'ils reçoivent soit des initiés soit de la part des prêtres vaudous.

Les deux (2) démons dont je parle ici ont reçu l'ordre d'exercer une sorte d'hypnose sur chaque personne se rapprochant du restaurant dans l'objectif de venir consommer, et de les faire voir la porte fermée pendant qu'elle est encore grandement ouverte.

Un de mes employés m'a raconté qu'un jour, alors qu'il se trouvait au pas de la porte d'entrée du restaurant, il a vu un homme arriver tout en s'apprêtant à y entrer. L'espace d'un cillement, le potentiel client s'arrêta devant la porte en disant :
-Pourquoi Dal restaurant ferme si tôt aujourd'hui ?
Ignorant ce qui se passait, cet employé rétorqua :
-Monsieur, si la porte est ouverte, pourquoi imaginez-vous que nous ne travaillons pas ?
Le client hypnotisé répondit : *« Mais la porte était fermée quand je suis arrivé. Vous venez sans doute de l'ouvrir pour m'appeler.*

Jusque-là personne n'a rien compris. Mon employé m'a raconté l'histoire comme la blague de la journée. Comme si le monsieur était frappé de myopie ou d'une quelconque faiblesse visuelle.

C'est aussi la même conclusion que j'ai faite. Je ne pouvais même pas établir un rapport entre la baisse considérable que nous constatons au niveau du nombre de clients que nous savions recevoir précédemment et le comportement de ces clients hypnotisés qui rebroussaient chemin parce qu'ils auraient compris que la porte de Dal restaurant (pourtant grande ouverte) était fermée. Coup de génie…

Pendant cette période où les Baka exécutaient leurs tâches avec brio, le restaurant endurait journellement des déficits considérables. Il devint un empire qui s'effondrait sous les yeux impuissants de ses tenants.

COMMENT ARRIVIONS-NOUS À SAVOIR CE QUI SE PASSAIT ?

De passage dans la ville de Port de paix, un homme qui vivait aux États-Unis arriva dans le restaurant : un ami lui avait conseillé de faire confiance à Dal restaurant pour se nourrir pendant son séjour. Ce monsieur, me semble-t-il, était un initié sinon un connaisseur dans le domaine mystique.

Il a été accueilli par mon épouse qui assurait la gestion de notre établissement de restauration. Ayant pu sentir la présence des démons (BAKA), il s'asseyait en murmurant :

-Oh mon Dieu ! Les hommes sont méchants.

-Le propriétaire de ce restaurant est-il un enfant ? demanda-t-il à mon Épouse qu'il prenait pour un simple employé. Pourriez-vous me permettre de parler au propriétaire ? insista-t-il.

-Vous pouvez me parler, je suis son épouse et c'est moi qui assure la gestion du restaurant, rétorqua Marie Priscile Royaque Loriston !

-Madame, quelqu'un a fermé votre restaurant et a placé deux BAKA aux deux extrémités de la porte d'entrée. Je parviens à y entrer parce que je ne suis pas un profane. Mais il y a une forte hypnose qui s'exerce sur chaque personne qui s'approche de votre restaurant en la faisant voir la porte fermée. Si vous n'y voyez aucun inconvénient je peux les chasser pour vous et les renvoyer chez la personne qui les a envoyés, dit le client qui semblait maîtriser un certain nombre de connaissances mystiques.

-Je suis de croyance chrétienne mormone et je ne peux prendre cet engagement sans l'approbation de mon mari. Laissez-moi l'appeler, ajouta Priscile !

**Le Miracle
de l'honnêteté**

J'ai reçu ce jour-là l'appel de mon épouse me disant qu'il y avait un personnage qui souhaitait me parler d'un sujet combien important. Je me suis évertué pour arriver au restaurant pendant que le client spécial dégustait avec appétit son plat et dévorait la chair combien souple du plat de cabri qu'il avait commandé.

Quand j'arrivai au restaurant, le mystérieux client me dit :

-Monsieur Loriston, je sais que vous êtes de foi chrétienne, mais il se trouve dans votre restaurant un problème dont la solution ne doit pas attendre. Je peux chasser les BAKA (démons) qui sont placés ici à partir d'une méthode simple et des mots de pouvoir. Ce que j'aurai à faire pour vous aider ne consiste en rien un accroc à votre foi religieuse. C'est juste une connaissance comme toute autre que j'exercerai et je n'aurai besoin que du sel et un peu d'eau chaude !

Pour me convaincre, il surenchérit :

-Si au cours de ma prestation vous trouvez que je fais un geste qui s'apparente à un rituel contraire à votre foi chrétienne, sentez-vous libre de me demander de stopper rapidement ce que je fais. Et j'obéirai ! Monsieur Loriston, mettez une casserole remplie d'eau sur un réchaud jusqu'à sa pleine ébullition, puis, pendant qu'elle bout, donnez-moi une bonne quantité de sel. Voyez-vous Monsieur Loriston ? C'est si simple! L'eau, une fois bouillie, je la remis au monsieur avec une bonne quantité de sel. Il prit le sel et en envoya une portion à chaque extrémité de la porte d'entrée en disant : « Sortez de cet espace et retournez chez celui qui vous a emmenés ici ! » Il prononça d'autres mots que je ne pouvais pas entendre, mais c'étaient des "mots de pouvoir", pour le répéter.

Au cours de cette même semaine, le restaurant retrouva sa splendeur, les employés se remirent à sourire. Les clients revinrent automatiquement et recommençaient à faire la queue. La demande redevint supérieure à l'offre !

UNE DEUXIÈME « FRAPPE »

Quelques semaines passèrent. Les gens qui avaient préparé le coup des BAKA comprirent que ces derniers avaient été chassés et qu'ils n'exerçaient aucune influence négative sur Dal restaurant. Ils décidèrent de frapper un autre coup. Cette fois, c'était une "expédition" sous forme d'une odeur nauséabonde qui envahissait la salle de restauration. Cette désagréable exhalaison n'était présente ni dans les toilettes, ni dans la cuisine, ni dans le petit entrepôt où était gardé le stock du restaurant. Elle ne se coinçait rien que dans la salle aménagée à l'effet de recevoir les clients.

Nos premières intentions allaient dans le sens qu'un rat pouvait être mort quelque part et était en décomposition. Entre-temps, à la recherche d'une éventuelle cause liée à cette odeur troublante, nous dûmes fermer provisoirement le restaurant afin de remuer tous les matériels, tous les meubles. Une semaine plus tard, les recherches s'avéraient inutiles et sans succès...

Un matin, je versais abondamment des larmes alors que j'adressais à Dieu la fervente prière suivante : *"Mon Dieu, si l'argent que j'ai investi dans ce restaurant est le fruit de mes salaires loyalement gagnés, si je n'ai commis aucun acte de corruption ni de malhonnêteté pour rassembler ces fonds d'investissement, pourquoi laissez-vous des gens malhonnêtes et rétrogrades me faire tout cela ?"*.

En terminant ma prière où je semblais adresser des reproches à Dieu, il me vint à l'esprit d'effectuer une recherche sur Google. J'ai vite compris que c'était une incitation de l'esprit et que c'était une réponse immédiate à ma prière. Je suis allé avec empressement sur ce moteur de recherche pour écrire la phrase suivante : « Comment chasser naturellement une mauvaise odeur ? »

DIEU PEUT UTILISER TOUS LES OUTILS CRÉÉS PAR L'HOMME POUR OPÉRER DES MIRACLES

Ma recherche sur Google a trouvé une panoplie de réponses. J'ai choisi la plus simple, puisque je pouvais trouver les ingrédients naturels et les matériels qu'elle citait : du café en poudre, une chaudière et un réchaud. J'ai fait ce que m'a dicté la réponse à ma recherche. J'ai acheté du café en poudre, je l'ai mis dans une chaudière placée sur un réchaud allumé au centre de la maison et j'agitais le café à l'aide d'une cuillère en bois pour qu'il embaumât la salle. Au fur et à mesure que l'odeur du café grillé se répandait, l'odeur nauséabonde diminuait progressivement jusqu'à sa disparition totale et définitive.

Enfin, après une semaine de fermeture soudaine pour une cause que les clients ne pouvaient savoir, après de nombreux déficits enregistrés, Dal restaurant rouvrit ses portes.

De l'honnêteté | Chapitre II

Mais tous ces assauts maléfiques n'étaient pas sans conséquences. Elles démobilisaient automatiquement une partie de la clientèle, constituaient un manque à gagner sur le plan financier et ne faisaient que fragiliser la jeune entreprise valant des millions de gourdes en termes de matériels.

Le restaurant continuait à fonctionner après ces actions déloyales, mais il n'était plus solvable. Il ne pouvait pas rapporter mensuellement les 68,000 gourdes (capital et intérêt) exigées par le contrat de prêt du service de micro finance de la UNIBANK, le MCN. Trois mois consécutifs sans pouvoir faire un seul versement complet. Les pressions montaient. Les agents de recouvrement du MCN étaient devenus menaçants. Ils agissaient comme les robots sauvages d'un système capitaliste à visage animal. Subitement le jeune enthousiaste, responsable, honnête, respectueux de ses engagements que j'étais, projetait l'image d'un citoyen non solvable.

RESTER HONNÊTE EN TOUTE CIRCONSTANCE

Je n'oublierai jamais ce matin maussade où j'ai reçu une délégation composée de deux agents locaux de recouvrement et un directeur régional. Cette rencontre qui a eu lieu à l'intérieur du restaurant est le plus remarquable moment de pression que je n'ai jamais vécu tout au long de mon existence. La banque s'apprêtait à déclencher un processus qui pourrait ternir ma réputation et me faire passer pour un mauvais payeur. Toute mon âme et celle de mon épouse étaient englouties. J'ai laissé la table de discussion avec des larmes aux yeux, les jambes tremblantes. Je n'avais aucun espoir ni aucune autre source où trouver une certaine somme pour verser à la banque en vue de calmer leur rigueur.

Cinq minutes après que les représentants de la banque eurent laissé le restaurant, un responsable d'achat de l'un des bureaux départementaux de l'administration publique entra dans la salle et demanda à me voir. Il avait besoin d'un reçu d'un montant de Six cent milles gourdes (600,000 gourdes) montrant que j'avais offert un service traiteur. Ensuite, il m'apporterait le chèque moyennant que j'accepte de lui donner 50% du montant du chèque et garder l'autre 50% pour le restaurant.

A première vue, cela paraissait comme un miracle, une réponse à toute cette pression que je venais de subir de la part des responsables de la banque. Celle-ci me pressait pour trois fois soixante-huit mille gourdes, et ce monsieur est venu m'offrir trois fois cent mille gourdes pour un simple reçu scellé. J'ai planté mes yeux dans ceux de mon interlocuteur pour lui dire : « Malheureusement je ne peux pas faire cela, ce sera un acte de corruption ! ». Gêné et embarrassé, il s'est déplacé sans dire un seul mot.

Il faut avoir une ferme conviction et une parfaite connaissance de ce qu'est l'honnêteté pour ne pas succomber dans ces circonstances de grande tentation. La malhonnêteté ne sera jamais la voie offerte ni par Dieu ni par la nature ! « Si tu dois sortir de cette situation, ce doit être en toute dignité », disait une voix en moi.

Ma femme m'a regardé dans les yeux et m'a dit : « Chéri, je suis fier de toi. J'aime l'homme que tu es ! » On s'embrassait et on se mettait à pleurer. On pleurait pour une double raison : d'abord, parce que nous avions agi conformément à l'honnêteté ; ensuite, parce que l'on se rappelait du même coup que l'on était sans espoir de trouver les moyens de payer la banque.

Une semaine passa. Nous n'arrivions pas encore à trouver une somme plus ou moins significative pour montrer à la banque notre volonté d'éteindre la dette. J'ai décidé de me rendre à Port au Prince en vue de rencontrer quelque amis, d'anciens collègues de travail, pour leur expliquer ma situation et voir dans quelle mesure ils pourraient me prêter de l'argent pour payer la banque, ne serait-ce qu'un seul versement complet en attendant que je trouve une porte de sortie ou une stratégie pour redresser la situation.

Je laisse la ville de Port de Paix à six (6) heures du matin. Je suis seul dans la voiture tenant le volant avec la force d'un bébé de quelques mois. Je suis anéanti. Stressé et pensif. Par moments, des chansons réconfortantes me viennent à l'esprit, mais les idées tristes prennent le dessus à chaque fois. Je continue la route vers Port-au-Prince comme un chauffeur timide et peu confiant.

Midi. Alors que je quitte la zone de Ti Tanyen, mon téléphone sonne. A l'autre bout de la ligne une voix d'homme, un employé du bureau central du Micro-Crédit National.

**Le Miracle
de l'honnêteté**

-Monsieur Loriston! On est sur le point d'envoyer au journal Le Nouvelliste une liste de mauvais payeurs. Malheureusement, monsieur, votre nom est sur la liste. Toute mon âme s'envole. Je deviens soudainement sidéré. Un long silence troué par le vrombissement du moteur du véhicule.

- Allô, Allô, Allô, êtes-vous sur la ligne Monsieur Loriston ?
Je réponds ainsi avec détermination :
« Monsieur, je suis en route pour Port-au-Prince, retirez mon nom de cette liste, je vous en prie ! Je suis un jeune de 31 ans. J'ai tout un avenir devant moi. Je suis en situation difficile, mais cette dette me tient à cœur.

Avant que je termine, l'employé de la banque me répond :
-Monsieur Loriston! Si vous pouvez me promettre de faire un versement de 68,000 gourdes avant 2 heures aujourd'hui même, je vais immédiatement rayer votre nom de la liste qui va être publiée.

Pour gagner du temps et le mettre en confiance, je lui dis :
- Je viens de quitter la zone de « Titanyen », je suis à proximité de Source puante. Quelle est la succursale UNIBANK la plus proche ?

- La succursale de Lathan dans la zone de bon repos qui est normalement à moins de 15 minutes de vous, fait remarquer l'employé.

-Retirez mon nom de cette liste, je vais passer à la succursale de Lathan.

Je ne savais pas vraiment ce que j'allais faire. J'ai garé la voiture au bord de la route pour réfléchir. L'image d'un ami que j'avais aidé à maintes reprises à trouver du boulot dans les différentes ONGs pour lesquelles j'ai travaillé, me vint à l'idée.

De l'honnêteté | Chapitre II

Je passai rapidement un appel pour lui dire que j'avais une extrême urgence et qu'il me fallait sur le champ trouver 68,000 gourdes. Cet ami n'avait que 800 dollars américains soit l'équivalent de 48,000 gourdes sur son compte. Je lui ai dit de déposer rapidement ces 800 dollars sur mon compte logé à la UNIBANK.

Quand il m'eut retourné l'appel pour me dire qu'il venait de faire le dépôt, je me sentis soulagé. Je me suis dit qu'avec un dépôt de 48,000 gourdes, je serais plus convaincant : j'étais déterminé à leur demander de me permettre de verser les 20,000 gourdes restantes, le lendemain.

Avec le plus grand empressement, je me suis rendu à la succursale de Lathan. Sitôt arrivé, j'ai pris la ligne et j'attendais mon tour pour être servi. Mon cœur était en détresse. Il supportait le poids de mon stress. Il battait à un rythme explosif. À force de penser que le dépôt que j'allais faire ne constituerait pas un versement complet, je perdais confiance en moi. Soudain, le caissier, un jeune homme de haute taille qui portait une chemise blanche et une cravate bleue sonna la cloche pour me demander de me rapprocher de sa caisse.
-Quel est le taux de change aujourd'hui ? Lui demandai-je !
-60 gourdes pour un dollar américain, répondit-il !
-D'accord, je voudrais faire l'échange de 800 dollars !
Le caissier prit les 800 dollars pour les tester à l'aide d'une petite machine. Ensuite, il les compta et les encaissa.
Il prit la fiche d'échange, écrivit le montant de 48,000 gourdes. Après m'avoir demandé de me mettre à côté pour vérifier

mes billets, il fit résonner sa cloche pour recevoir un autre client. Quelques minutes plus tard, je remarquai que j'avais à ma disposition les 20,000 gourdes qu'il me fallait pour faire un versement complet. Je compris que le caissier venait de commettre une erreur colossale.

Je suis retourné vers lui pour lui dire qu'il m'a donné 68,000 gourdes au lieu de 48,000.
-Monsieur, je vous ai donné exactement le montant correspondant à vos 800 dollars.
Je persistai :
-Monsieur, vous m'avez donné un surplus considérable !
-Laissez-moi effectuer mon travail. J'ai vérifié votre argent deux fois avant de vous l'avoir remis. Le montant est exact ! Scanda le caissier avec nervosité.

Entre-temps, le superviseur de la succursale qui ne se trouvait pas trop loin, entendit ma voix et s'approcha pour me demander des explications. Je lui ai expliqué que le caissier refusait de recevoir les 20,000 gourdes qu'il venait de me donner par inadvertance. Surpris de mon comportement, le superviseur m'invita à entrer dans son bureau pour mieux vérifier la transaction. Ayant constaté qu'effectivement la somme qu'on venait de me remettre était supérieure à celle à laquelle j'avais droit, le superviseur ne cacha pas son étonnement.
-Qui es-tu ? me demanda-t-il.
-Je suis un jeune homme en grande difficulté, pressuré par la micro finance de la Unibank pour un prêt en souffrance,

mais qui décide de garder intacte son honnêteté en toute circonstance, répondis-je.

Alors que je lui disais cela, des larmes tombaient de mes yeux. Il comprit que quelque chose clochait. Il voulait avoir plus de détails.

C'est alors que je lui expliquai la situation et les pressions qu'exerçait le MCN sur moi. Je lui dis que malgré tout, je refusais de profiter de cette erreur de la part du caissier pour payer à la banque un versement complet. Impressionné par ma fermeté et ma profonde conviction morale, le superviseur prit son téléphone pour s'adresser aux responsables du MCN au bureau central de Port-au-Prince. Il leur expliqua ce qui venait de se passer et leur demanda de considérer cette rarissime loyauté dont je fis montre. Ainsi, il leur suggéra de rééchelonner le prêt pour moi et me laisser payer mensuellement en fonction du revenu dont je disposais. Le bureau central a favorablement accueilli sa proposition et toutes les pressions tombèrent ce jour-là !
N'est-ce pas là un puissant miracle de l'honnêteté ? Oui !

De retour à Port-de-Paix, mon épouse et moi avons décidé de fermer le restaurant et vendre tous les matériels que nous avions, en vue de payer une partie de la dette. D'un autre côté, nous continuions à faire des versements mensuels sur la dette à partir des maigres revenus que notre première entreprise générait. Dal Papeterie a payé une bonne partie d'une dette qui n'avait pas été signée pour elle.

LES ÉPREUVES EN TANT QUE SOURCE D'APPRENTISSAGE

Deux ans après la fermeture totale de Dal restaurant, je n'arrivais pas à me débarrasser du désir de faire succès dans le domaine de la restauration. Ainsi, j'ai lancé un nouveau concept du nom de Wifi bar. Il s'agissait d'un snack bar offrant des sandwichs, des crêpes, des pizzas, des hamburgers et des boissons surtout aux écoliers et étudiants de Port de Paix ayant besoin d'un espace tranquille avec une connexion Wifi leur facilitant la préparation de leurs devoirs. Mais la population en général y avait accès.

Il suffisait seulement de payer une bouteille d'eau pour être connecté au WIFI de ce snack et commencer à effectuer ses recherches sur le net. A cette époque, une connexion WIFI publique était très rare dans la ville. Le concept était nouveau. Il attira une nouvelle fois la foule. C'était le premier service de restauration de ce genre dans la zone. Partout où l'on passait les gens faisaient l'apologie de cette innovation. Cette fois-ci, la compétition était moins féroce puisque Wifi bar offrait des produits exclusifs et visait une part de marché qui n'existait pas avant.

Quelques mois plus tard, une crise socio-économique due à l'instabilité politique fit chuter le pouvoir d'achat déjà très faible de la population du Nord-Ouest et entraina des conséquences graves sur la rentabilité de l'initiative. Une nouvelle fois, cette deuxième tentative d'exploiter une part de marché importante dans le secteur de la restauration échoua.

Cet investissement de plusieurs milliers de dollars américains s'écoula comme un château en paille et me fit patauger dans une profonde douleur. Il y avait encore des choses à apprendre !

Entretemps, j'ai continué à voyager dans des pays comme la République dominicaine, les Bahamas et les Etats-Unis d'Amérique. Ainsi constatais-je l'opportunité que la restauration de masse offre. J'ai persisté à croire que je pouvais gagner beaucoup d'argent dans ce domaine (la restauration) qui me fascine tellement.

UNE SIMPLE LECTURE M'A TOUT FAIT COMPRENDRE

Après cette deuxième tentative échouée, je me suis proposé de me procurer plus de livres sur l'entrepreneuriat, le marketing, la gestion, l'économie et l'intelligence financière en vue de renforcer mes connaissances dans ces domaines. J'ai acheté l'un des livres de **Robert Kiyosaki,** « Développez votre (Qi) intelligence financière ». En lisant cet ouvrage, je suis tombé sur la phrase suivante qui a multiplié par dix (10) mon intelligence: « Regardez ce que les gens autour de vous aiment, offrez-le-leur. »

Avant, je ne prêtais pas toujours attention à ce que les gens aimaient, je leur offrais toujours ce que j'aime moi-même et ce qui flattait ma grandeur. C'est alors que j'ai compris que mon deuxième échec dans le domaine de la restauration est dû au fait que j'avais décidé d'offrir, non pas ce que les gens voulaient, mais ce que j'aimais.

Dès cette découverte, je me suis mis à chercher un concept dans le domaine de la restauration qui me permettrait de rencontrer ce que les gens veulent vraiment. Je persistais à croire que je pouvais créer une niche sur le marché de la restauration et rattraper tout le temps que j'ai perdu ultérieurement dans ce domaine. J'étais envahi par une sorte de rage de vaincre et l'envie d'obtenir des résultats exceptionnels dans ce domaine qui me passionne tant.

UN DÉCLIC EN DÉCEMBRE 2020

En décembre 2020, lors des fêtes patronales de la ville de port de paix, le feu président Jovenel Moise annonça que le carnaval national s'y déroulerait en février 2021. Si à l'annonce de cette nouvelle certains ont vu défiler dans leur imaginaire des chars musicaux bien décorés et la guerre de décibels habituelle, j'y voyais une occasion de lancer un service de restauration de masse avec une capacité de production commerciale hors pair. Je me suis dit que si des dizaines de milliers de gens vont investir pendant trois (3) jours les rues de la ville, c'est qu'il n'y aura pas une offre proportionnelle à la demande en nourriture.

La même semaine, j'entrepris un voyage vers les Etats-Unis d'Amérique en vue d'acheter des matériels de restauration d'une capacité de production hautement commerciale : distributeur automatique de jus, friteuses industrielles, machine BBQ, crêpe maker etc.

J'ai acheté presque tous les matériels que les Fast Food américains utilisent. Il ne fait aucun doute que de tous les établissements de restauration de la zone, je dispose de la plus haute capacité de production.

Malheureusement, à l'instar de toutes les autres villes, l'organisation du carnaval avait une allure purement politique. Alors que les jours avançaient je n'ai reçu aucun contrat de la Mairie, du comité local, ni d'aucune institution étatique sur place, malgré toutes les photos de matériels, dépliants promotionnels et copie de patente que j'avais soumis. Je n'étais pas un supporteur du pouvoir en place. Peu importe les taxes que je paie dans la commune, le nombre d'emplois que j'ai créés, je n'avais pas le droit de prêter mes services à la petite partie de l'État haïtien transférée à Port-de-Paix par le regretté mémoire son excellence, monsieur le président Jovenel Moïse. Pourtant de simples citoyens qui n'avaient ni restaurant ni patente ni talents dans l'art culinaire avaient des contrats de restauration très juteux. Tout se faisait comme s'il ne s'agissait pas d'une activité de l'Etat financée à partir du trésor public. Une absence totale de transparence planait sur l'organisation de la plus grande fête populaire. Deux ans plus tard, aucun rapport n'a fait état du budget alloué ni des dépenses consenties. Silence et secret continus ! Le principe de reddition des comptes a été une nouvelle fois bafoué sans la moindre gêne.

La nature répare toujours les injustices. Deux jours avant les festivités carnavalesques, j'ai reçu deux appels de Port-au-Prince : l'un de Patrick Moussignac, le directeur général de la Radio Caraïbes Fm, et l'autre, d'une ancienne collègue de travail. Monsieur Patrick Moussignac me confia la restauration du staff pléthorique de la Radio Télé Caraïbes qui assurait la retransmission des festivités. Mon ancienne collègue de travail, de son côté, me demanda de louer mes services à la délégation du ministère de la santé : celle-ci était à la recherche d'un restaurant capable d'offrir un service de qualité.

Le prix des services sitôt conclu, je mobilisai toute mon équipe et toute la logistique nécessaire. En outre, je recrutai quinze nouvelles personnes pour un emploi temporaire. La nouvelle des services que j'ai offerts ont fait le tour de la ville. D'autres délégations ministérielles venaient partager les délicieux mets préparés au profit de celle du ministère de la Santé. La différence est patente, disaient-elles. C'était un coup dur pour les obscurantistes du pouvoir de Jovenel à Port-de-Paix qui aspiraient à me punir pour mon franc-parler, mes positions difficiles sur des sujets d'intérêts publics et la pertinence de mes critiques contre les pouvoirs publics corrompus en Haïti.

Si ce n'était mes connexions à Port-au-Prince, les milliers de dollars américains que j'ai investis dans l'acquisition de matériels de haute gamme seraient perçus comme un mauvais calcul. Mère Nature ne laisse jamais un cœur bon, bienveillant et honnête subir la méchanceté des médiocres. Les deux contrats que j'ai trouvés me permirent de gagner une somme plus ou moins considérable !

A côté de tout cela, je décidai de lancer un nouveau concept de restauration dans le Nord-Ouest à partir des matériels que j'avais achetés à l'occasion de l'organisation du carnaval national à Port-de-Paix. Si je passais nettement à côté des prévisions que j'avais faites en termes d'éventuels encaissements liés aux ventes que le carnaval aurait occasionné, je me suis demandé comment je pourrais utiliser ces matériels durablement en vue d'attirer une part de marché non négligeable. Je ne voulais pas que le boycottage dont j'ai été victime éteignît ma flamme et ma passion pour la restauration.

Ainsi me vint à l'esprit, l'image des petits restaurants de rue (street food) que j'ai vus à Manathan lors d'un séjour touristique dans l'état de New York. Après de nombreuses réflexions et études, je me suis rendu compte qu'il y aurait beaucoup d'opportunités si je lançais un restaurant de rue qui symboliserait le luxe ou la modernité à même le sol et à des prix imbattables.

Sous une tente installée sur un espace non bétonné, c'est-à-dire poussiéreux, mesurant 10 mètres par 10 mètres, j'ai placé les mêmes matériels qu'utilisent les grands fast food américains. Cela a créé une euphorie, une attraction que le marketing traditionnel n'était pas capable de provoquer. Dès le premier jour, la clientèle affluait. Le staff était dépassé. On vendait comme aucune de mes entreprises ne l'avait jamais fait !

TOUTE CHOSE EXISTE À PARTIR DE SON CONTRAIRE

J'utilise cette maxime philosophique pour tenter d'expliquer que derrière toute malencontreuse situation, il existe toujours l'option d'une glorieuse opportunité. Disons mieux, on peut transformer une situation difficile en une opportunité.

> **Le Miracle**
> **de l'honnêteté**

Mon expérience avec les sbires de Jovenel Moise en est une vivante illustration. Par exemple, ce livre que vous êtes en train de lire est le résultat des persécutions auxquelles j'ai dû faire face. En effet, certaines personnes ont tenté de salir ma réputation d'homme honnête.

Aujourd'hui encore, toute une machine de diffamation est mise en branle pour salir ma renommée pour un acte que deux autres personnes civilement et pénalement responsables ont commis (le dossier Bank Pa Nou). Ces personnes qui se sentent toujours agacées, parce que je fais journellement l'apologie de l'honnêteté dans mes prises de parole publique, veulent profiter de la fainéantise qui hante les réseaux sociaux pour inventer une version numérique d'un Daniel LORISTON qui serait malhonnête. Au lieu de me lamenter, je profite de cette situation pour construire une nouvelle phase de ma réputation d'homme jalousement attaché à ses inébranlables convictions loyales en écrivant un livre consacré uniquement à la notion d'honnêteté. En plus d'être un jeune homme dont l'honnêteté ne s'est jamais démentie, j'inscris mon nom parmi les rares auteurs haïtiens à consacrer leurs temps et réflexions autour de ce concept.

ÊTRE HONNÊTE, C'EST AUSSI PAYER UNE DIME COMPLÈTE

Une des lois sacrées enseignées par la bible et qui constitue l'un des principes clairement enseignés dans le vaste et rigoureuse doctrine mormone est la loi de la dime. Cette loi stipule qu'il faut donner le dixième de tous ses revenus au seigneur. Les passages Hébreux 7:1-10 ; Genèse 14:19-20 ; 28:20-22 disent un peu de ce commandement. Dès mon enfance, mes parents qui sont de fidèles pratiquants du mormonisme m'ont enseigné cette loi qui présente l'occasion de montrer ou de témoigner sa reconnaissance à Dieu pour les bénédictions reçues.

Tout petit, je prenais le plaisir de payer la dîme en donnant une partie des centimes que je recevais de mes parents. Parmi toutes les lois qu'enseigne le christianisme en général, celle-ci me semble être la plus difficile à observer puisqu'il faut payer en l'observant. Pourtant, elle cache un secret et une puissante promesse que beaucoup de personnes sont en train de rater.

Cette promesse et ce secret se trouvent élucidés dans Malachie 3 le verset 10 : « *Apportez à la maison du trésor toutes les dîmes, afin qu'il y ait de la nourriture dans ma maison ; mettez-moi de la sorte à l'épreuve, dit l'Éternel des armées. Et vous verrez si je n'ouvre pas pour vous les écluses des cieux, si je ne répands pas sur vous la bénédiction en abondance* ». Même en dehors du contexte religieux, je trouve opportun de partager avec les autres un peu de ce qu'on a, de s'entraider, et de supporter les pauvres et les nécessiteux.

Comme pour toutes mes autres entreprises, j'ai payé une dîme sincère pour cette petite entreprise. Je témoigne qu'à côté de toute l'intelligence que j'applique dans la gestion de mes activités, toute ma créativité entrepreneuriale et tous les bons services que j'offre, la loi de la dîme constitue un pilier dans le succès de ce concept de restauration.

La bénédiction en abondance dont parle le texte mentionné ci-dessus ne peut être comprise seulement comme l'acquisition de choses matérielles comme l'argent ou des biens. Elle doit aussi être comprise comme l'ensemble des idées nouvelles qui m'ont aidé à améliorer la qualité des services. C'est aussi chaque acte qui m'a été dicté lors de mes réflexions pour pouvoir rendre plus compétitif et plus rentable cette initiative. Ce sont aussi les bons employés que j'ai pu recruter et les incidents malheureux que nous avons pu neutraliser à temps. Mieux que personne, je possède un immense et insondable témoignage de la puissance et de l'immédiateté des bénédictions de la loi de la dîme. Si rien n'est vrai, au moins, épargnons la loi de la dîme.

Grâce aux multiples bénédictions déversées sur cette initiative osée, le concept que j'appelle audacieusement dans la langue créole KWEN DAL (Dal's corner) a subi une métamorphose de rare portée. Les ventes explosaient à un rythme non espéré. En conséquence, 6 mois plus tard, j'avais les moyens de me payer un kiosque de nourriture mobile en remplacement de la petite tente en toile qui servait à protéger les installations matérielles.

Neuf mois plus tard, nous avons pu établir un autre point de vente spécialisé dans la vente de sandwiches. Je cherchais par cette décision à diversifier le canal de diffusion de la petite entreprise et du même coup élargir la clientèle. Enfin, j'ai fait venir en Haïti un restaurant sur roues, c'est-à-dire un camion restaurant. C'est la première voiture électrique à fouler le sol d'Haïti.

Voyez-vous comment un boycottage a servi de source de bénédictions extraordinaire ? Le mariage entre l'honnêteté et l'intelligence peut transformer le pire des mondes, transcender la vie des gens et améliorer grandement leurs conditions d'existence.

PÂTÉ-CHAUDIÈRE : PRIX D'ÉQUILIBRE

Cette expérience avec KWENDAL Street Food m'a permis de comprendre les effets de la production de masse et la force de la politique de prix quand on veut augmenter sa part de marché. Elle m'a aussi appris qu'il faut suivre les tendances de vente pour bien miser ses fonds.

Lors d'une rencontre stratégique en vue de trouver un produit de grande consommation et à un prix extrêmement bas, notre chef (professionnel de la restauration) Besty Bière Michou Jean Baptiste, une jeune fille extraordinaire venue de Port-au-Prince pour épauler le staff local, m'a proposé le « **pâté-chaudière** ». Ce type de pâté porte aussi le nom de « **paté kòde** » dans la cuisine haïtienne.

J'ai accepté d'essayer la proposition de Betsy, puisque le pâté est chéri par la majorité des Haïtiens et se vendra à seulement 50 gourdes soit 0,33 dollars américains. Aucun produit de consommation dans une population qui n'a pas de pouvoir d'achat réel n'était offert par les restaurants traditionnels à un tel prix. Je me suis dit que cela pourrait répondre à un besoin et constituer illico une niche jusque-là sous- exploitée.

Dès le premier jour du lancement de ce produit, nous en avons vendu dans un battement de paupières toute la quantité produite. On en a triplé la quantité le lendemain, l'offre était malheureusement inférieure à la demande. Cet indice m'a vite enseigné qu'il me fallait investir dans de nouveaux matériels pour augmenter l'offre et faire de la production du pâté un service autonome du reste de la petite entreprise.

Au début de l'année, j'ai obtenu un prêt financier de 4 millions de gourdes de la « **Koperativ pou Lespwa** » (**KOPLES**) que j'ai investi dans l'acquisition de stock. Mais, je ne pouvais trouver un autre prêt de cette même coopérative pour l'acquisition des matériels. Alors que je me demandais où trouver ces nouveaux fonds pour équiper Kwendal convenablement, le ministre du commerce **Ricardin Saint-Jean**, un ancien ami, originaire comme moi de la ville de Saint Louis du Nord, participait aux festivités patronales de Saint Louis du Nord. Il en profita pour passer à KWENDAL avec toute la délégation ministérielle et acheter à manger.

En arrivant, le ministre du commerce et de l'industrie a fait un double constat : la file d'attente qui était extrêmement longue et le nombre de jeunes qui travaillaient sous ma supervision. Ainsi, il comprit que ma plus grande passion était d'aider le Nord-ouest à voir le bout du tunnel.

-Tu as besoin de financement, Daniel, me dit-il. FDI qui est le fonds de Développement Industriel met à la disposition des petites entreprises jusqu'à 2 millions de gourdes.

Tu peux faire la demande toi-même et je dirai aux responsables que tu es en train d'impacter le marché de l'emploi dans le Nord-Ouest et que tu es bien qualifié pour un tel prêt. Mais on ne te donnera pas l'argent en cash, on paiera pour toi les matériels dont tu as besoin.

C'est ainsi que 3 mois plus tard, après avoir reçu toutes les preuves légales et administratives, le FDI a émis un chèque de 2 millions de gourdes au nom d'un magasin de Pétion ville qui était chargé de me fournir les matériels dont j'avais besoin pour augmenter la production de pâté. Prêt que je commençai à rembourser après 3 mois de grâce.

Le lancement de ce nouveau projet a considérablement amélioré ma vision d'entrepreneur et a impacté la vie de toute une population. L'atelier de production de pâté a occasionné la création de 100 nouveaux emplois permanents dans la seule ville de Port-de-Paix. Cet atelier de production massive fonctionne 24 heures sur 24. Trois groupes d'employés travaillant par rotation toutes les 8 heures, produisent 4,000 pâtés journellement.

Plus d'une soixantaine de vendeurs ambulants éparpillés dans les différentes rues et quartiers de la ville apportent les petits « pâté-chauds » jusque devant la porte des clients qui les appellent au passage, jusqu'à l'intimité des bureaux publics ou privés où travaillent les socioprofessionnels de la ville et sur toutes les cours de récréation des écoles.

**Le Miracle
de l'honnêteté**

NOUS POUVONS RÉALISER NOS RÊVES LES PLUS AMBITIEUX EN SUIVANT LA VOIE DE L'HONNÊTETÉ

Malheureusement, beaucoup de personnes se laissent attirer par la facilité qui conduit presque sans équivoque à la malhonnêteté et la corruption. Cela arrive souvent aux gens qui veulent atteindre un niveau de richesse ou de bien-être sans savoir imposer à eux-mêmes la patience et les constants efforts nécessaires. Ils sont incapables d'identifier les limites à ne pas franchir ; ils ne laissent pas passer les occasions faciles liées à la corruption qui se présentent assez souvent sous forme d'opportunités. Pourtant, nul n'a besoin d'emprunter des chemins maladroits, détournés pour atteindre des objectifs loyaux.

En lançant ce projet de production de pâtés à grande échelle, certaines personnes complexées ont vu dans cette démarche une diminution de ma grandeur. Pourtant cette seule ligne de vente m'aidait à gagner des revenus assez significatifs. Le petit tableau ci-dessous vous donnera une idée du seuil de rentabilité de cette initiative modeste sur un seul mois :

Production/jour	Prix/unité	Vente/jour	Vente/semaine	Vente/ mois
4,000 unités	50.00 HTG	200,000 HTG	1,200,000 HTG	4,800,000 HTG

Après les salaires payés et les dépenses consenties en vue de couvrir les facteurs de production, il restait une marge bénéficiaire assez satisfaisante m'aidant à payer en un temps record une partie des frais de construction d'une maison de rêve dans la localité d'Aubert, une banlieue paradisiaque de la commune de Port-de-Paix. Je bénis le nom de l'Intelligence suprême et m'enorgueillis de ce que j'ai pu réaliser de tels exploits sans recourir à la corruption.

Au début du lancement de ce projet, je n'avais jamais imaginé que je pouvais encaisser environ 5 millions de gourdes par mois seulement dans la vente de pâté-chaudière, une initiative longtemps abandonnée aux seules mains de petites marchandes utilisant des moyens rudimentaires ne pouvant produire qu'une ou deux centaines par jour !

Les opportunités sont nombreuses, elles sont dans les détails que nous négligeons. Ouvrons nos yeux, ayons comme boussole la loyauté, utilisons notre intelligence pour avancer vers nos rêves et objectifs. La malhonnêteté ou la corruption qui engendre la plupart des maux dont souffre le monde n'est pas une option viable ni envisageable. Cette dernière dénature notre humanité et nous fait perdre de vue le droit chemin et les destins sacrés. Elle ne cesse de plonger le monde dans le désarroi, les affres ténébreuses. Elle enlaidit le monde et blesse le regard de l'âme.

TENIR FERME LA BARRE DE L'HONNÊTETÉ

Nous vivons dans un monde totalement désaxé. Les valeurs les plus anciennes et les plus ancrées dans la constitution de l'humanité s'effritent, disparaissent à la même vitesse que les progrès civilisationnels. Tout semble changer sous nos yeux avant d'avoir le temps de l'apercevoir. Si la science permettait de faire le portrait-robot du monde d'aujourd'hui et le présenter à nos ancêtres décédés il y a quelques décennies, notre monde leur serait méconnaissable.

Mais malgré tout cela, nous devons constamment nous rappeler que l'honnêteté est un principe immuable. Penser à cette vertu, c'est du même coup reconnaître que nous devons établir dans notre vie une liste d'interdits, une liste d'actions que nous ne commettrons jamais quelles que soient les circonstances. Nous sommes capables de vivre une vie d'abondance, obtenir de grandes richesses, réaliser de grands rêves et projets, vivre une vie acceptable sans pour autant recourir à des actions déloyales.

Malgré les grandes mutations que connaît le monde, la malhonnêteté est et restera un raccourci inadmissible. Plus le monde change, mieux nous devons tenir ferme la barre de l'intégrité !

PROMOUVOIR LA CULTURE DE L'HONNÊTETÉ

A regarder les énormes progrès des nouvelles technologies de l'information et de la communication, on se demande pourquoi les canaux de communication et d'informations propagent à profusion les dérives et les tares du monde moderne et octroient très peu de place, sinon pas du tout, à la promotion des vertus comme l'honnêteté et la loyauté ? Pourquoi la photo de l'homme qui est condamné pour viol est présentée sur les premières pages couvertures des journaux, alors que celui qui est un père de famille responsable et menant une vie bonne est passé incognito ? Les médias ratent l'occasion de faire la promotion des valeurs essentielles qui peuvent redresser le monde dans sa déchéance événementielle.

Les écoles, les universités, les acteurs gouvernementaux, les assemblées religieuses, les associations de toute sorte, les familles, les citoyens, tous, doivent se mettre à promouvoir l'honnêteté. Faisons du concept d'honnêteté non pas un sujet qui étonne, du fait de sa rareté, mais un sujet de tous les jours. Laissons aux générations futures l'héritage de l'honnêteté, cette vertu qui manque le plus au monde d'aujourd'hui.

Je reste attaché à l'idée que si les différents gouvernements du monde, les organisations des sociétés civiles, les familles, les groupes sociaux, les médias et les centres éducatifs font de cette vertu une valeur à inculquer aux citoyens, nous pourrons redresser le monde et en faire un espace où l'harmonie sera non une exception, mais plutôt la règle.

CHAPITRE III
La Neutralité face à l'injustice n'existe pas

La Neutralité face à l'injustice n'existe pas

La neutralité aide l'oppresseur, jamais la victime. Le silence encourage le bourreau, jamais l'innocent.
Elie Wiesel

« Si tu es neutre en situation d'injustice, alors tu as choisi le côté de l'oppresseur. »
Desmond Tutu

« J'ai compris qu'il ne suffisait pas de dénoncer l'injustice, il fallait donner sa vie pour la combattre. »
Albert CAMUS

« Il ne faut ni oublier, ni pardonner une injustice : Toutes les fois qu'une injustice est commise dans le monde, quelque part des hommes deviennent plus mauvais, par découragement. »
Henry de Montherlant

**Le Miracle
de l'honnêteté**

AIMONS LA VÉRITÉ ET LA JUSTICE

Beaucoup de penseurs entendent par « **honnêteté** » le caractère de celui qui dit la vérité, qui a un franc-parler, qui est sincère dans ses mots et qui s'exprime sans essayer de dénaturer la vérité quelles que soient les circonstances. Certes, le concept englobe un sens plus large, comme nous l'avons vu dans les chapitres précédents, mais nous l'abordons ici dans ce chapitre sous cet angle restreint.

L'humanité est en proie à une carence de la volonté de dire la vérité. Les gouvernements ne disent pas toute la vérité à leurs administrés ; les parents pour une raison ou une autre, à bien des égards, ne disent pas la vérité à leurs enfants et ainsi de suite. Paradoxalement, nous vivons une ère où l'on a accès en temps réel à toute une panoplie d'informations alors que nous nageons dans une civilisation de la rétention de la vérité. Toutes ces attitudes et bien d'autres développent inconsciemment, chez la majorité des humains, un refus d'honorer la vérité.

Combien de gens choisis à titre de témoins devant des tribunaux qui, après avoir promis sous forme de serment de dire la vérité et rien que la vérité, commencent à mentir dès les premières déclarations ! Des gens qui sont témoins d'un meurtre, qui ont tous les détails sur le meurtrier et qui, malgré les pleurs, l'émoi et le chagrin des familles endeuillées décident de ne pas dire la vérité !

Combien de fois sommes-nous calomniés, diffamés au grand public alors qu'une ou deux ou 40 personnes connaissent la vérité et décident de garder le silence ? Combien de fois sommes-nous accusés injustement alors que nos amis, nos collègues de travail ou un membre de notre famille refusent de dire la vérité ? Pourquoi ces gens qui connaissent la vérité et qui savent combien l'énonciation de cette vérité suffirait à rétablir notre honneur, notre réputation et renommée décident de se taire ? Quelle injustice ! Quel niveau d'incompétence humaine ! Quelle paralysie de l'âme ! Et quelle anesthésie de la conscience !

Je connais la profondeur des blessures des gens calomniés qui n'arrivent pas à rétablir leur honneur, parce que des témoins qui connaissent toute la vérité choisissent de se taire et du même coup condamner la population à opiner en fonction des propos mensongers des calomniateurs.

Aimer la vérité signifie à mon humble sens, dire la vérité parce qu'on ne supporte pas que son contraire la remplace. Cela signifie aussi que l'on abhorre tellement le mensonge qu'on le chasse sans hésiter parce qu'en aucun cas un cerveau qui ne souffre d'aucune difformité ne saurait tolérer un seul instant que ce vice prenne la place de la vérité. Rétablir la vérité même quand le mensonge paraît plus populaire, plus répandu, plus croyable et plus acceptable, c'est faire montre d'un amour sans faille à l'égard de la justice, c'est éjecter les ténèbres épaisses du trône réservé à la vertu de la vérité.

Nous devons aimer la vérité même si elle est contre nos intérêts. Procéder autrement constitue une infraction contre les règles de la nature.

Dans le cadre de la bataille pour renforcer l'amour de la vérité qui manque terriblement au monde d'aujourd'hui, j'invite les parents du monde à suivre un conseil des dirigeants de **l'église de Jésus Christ des Saints des Derniers jours (Mormon) à savoir « enseigner par l'exemple »**. Si nous voulons que nos enfants dont nous sommes les premiers responsables aiment la vérité, nous devons être les premiers à cultiver cet amour pour la vérité. Nous sommes les premiers héros que nos enfants apprendront à imiter dans tous les détails.

Apprenons aux enfants et aux jeunes l'importance de la vérité. Inculquons-leur la valeur d'une telle vertu et son importance dans la course vers la loyauté qui assure l'émancipation de l'âme et sa qualification vers des degrés de gloires inouïes.

Dites-leur que la vérité est au service de toute l'humanité !
J'apprécie fortement cette citation du philosophe indien né en 1863, Swami Vivekananda : *"L'homme ne progresse pas de l'erreur vers la vérité, mais de vérités en vérités, d'une vérité moindre à une vérité plus grande."* Par cette pensée, l'auteur semble insinuer qu'il ne faut pas partir de l'erreur à la vérité, mais de la vérité à elle-même comme étant une condition étroitement liée à la progression de l'homme. Aimer la vérité, c'est vouloir progresser.

LA VÉRITÉ COÛTE CHER

Dans notre monde, la vérité est une denrée rare. C'est pour cette raison que son coût est aussi élevé. Si vous n'êtes jamais confronté à une situation de confusion, de doute ou d'allégations mensongères pesant sur votre dos, votre réputation, vous ne pouvez pas comprendre pourquoi j'invite mes sœurs et frères haïtiens à dire la vérité. J'ai, moi-même plus d'une fois, été dans une situation où seule la vérité pouvait apaiser ma peine, mes douleurs, et dissiper les doutes qui planaient sur ma personne. Je comptais sur des témoins qui, au lieu de dire la vérité, gardaient le silence. Dans ces situations, on est toujours prêt à verser une fortune pour faire luire la vérité.

Malheureusement, aveuglés par la haine et la jalousie, ceux qui devraient assumer leurs responsabilités de citoyens honnêtes en bravant tous les dangers pour honorer la vérité ; ceux-là qui parfois se font passer pour des gens intègres, choisissent la voie de la trahison au lieu de renverser le mensonge pour allumer la flamme de la vérité.

> **Le Miracle
> de l'honnêteté**

Celui qui a besoin que la vérité soit établie pour que soit lavée sa renommée recevra tôt ou tard un immense cadeau : la réparation de son honneur blessé. Celui qui refuse de dire la vérité qu'il connaît ne reçoit rien en retour. Pourtant, il persiste ! Si la vérité se raréfie autant, c'est que le mensonge et l'illusion se promènent à chaque coin de rue.

Pour avoir souffert de la rétention de la vérité, pour avoir versé des larmes à flot et pour avoir connu des douleurs psychiques que cela provoque, je renforce mes convictions sur la nécessité de dire la vérité en toute circonstance, surtout quand elle plaide en faveur d'une personne accusée injustement.

A mon humble sens, la vérité doit être gratuite au même rang que le mensonge ! Oui, s'il y a des méchants qui sont aptes à mentir, il faut qu'il y ait parallèlement des gens honnêtes et bons qui aiment dire la vérité.

AIMONS LA JUSTICE

Un soir, j'assistais à une assise criminelle avec assistance de jury au tribunal de première instance de Port-de-Paix où l'un de mes cousins, portant la même signature que moi, était accusé de meurtre. Il y avait des preuves que ce membre de ma famille avait commis cet acte odieux. Le juge qui présidait la séance fut mon professeur au Lycée Tertulien Guilbaud de Port-de-Paix. Il m'admirait et me disait à chaque occasion qu'il était fier de moi. Il me regardait avec beaucoup de pitié dans la salle. J'ai pu voir dans ses yeux toute sa compassion pour moi. Il semblait vouloir au moins alléger la sentence de l'accusé juste par admiration pour moi.

La neutralité face à l'injustice n'existe pas | Chapitre III

Au moment d'une petite suspension de la séance, juste avant de prononcer son verdict, le juge me reçut dans la salle privée où il se reposait :
- Mon fils, me dit-il, je sais que le coupable est ton cousin. Je vais prononcer mon verdict, mais tu peux me dire à quel point tu voudrais que j'atténue la sentence de celui-ci.
Je fus ému, touché par la marque d'attention du juge. Mais, je lui répondis avec un fort sentiment de justice :
- Honorable magistrat, faites comme si je n'étais pas dans la salle et appliquez convenablement ce que dit la loi en cette matière, ce sera justice !

Comment pourrais-je vouloir qu'on diminue la peine de celui qui a ôté la vie à un être humain ? Comment voudrais-je que ma renommée serve, à un certain moment de la durée, d'obstacle à la justice ? J'aime la justice ! Dans ma vie de pécheur, j'ai toujours consenti de nombreux efforts pour ne pas commettre d'injustices contre quiconque ! Tous mes combats de vie m'ont toujours mis du côté des faibles, des démunis. D'autre part, j'invite toujours les plus influents, les plus nantis et les plus puissants à faire preuve de solidarité et d'altruisme envers l'autre.

J'aime bien ce fragment de texte du philosophe Pascal :
« Il est juste que ce qui est juste soit suivi ; il est nécessaire que ce qui est le plus fort soit suivi. La justice sans la force est impuissante ; la force sans la justice est tyrannique.

La justice sans force est contredite, parce qu'il y a toujours des méchants. La force sans la justice est accusée.

Il faut donc mettre ensemble la justice et la force, et pour cela faire que ce qui est juste soit fort ou que ce qui est fort soit juste. »

Je ne peux pas compter le nombre de fois que des gens puissants ayant le pouvoir politique et économique me disent : "Daniel tu es en train de perdre de nombreux privilèges. Ceux-là que tu défends ne peuvent t'être utiles en rien". J'ai perdu de nombreux privilèges certes, mais la justice qui coule en moi comme une rivière, me procure une fierté et une grandeur qui n'ont pas de prix. Aimons la justice !

En tant que jeune entrepreneur, je suis pénalisé par la majorité des acteurs étatiques locaux qui n'octroient jamais de contrats à mes entreprises pour des domaines de service dont j'ai, assez souvent, l'exclusivité. Ils me pénalisent parce que je critique les mauvaises actions de l'Etat haïtien ou d'un gouvernement.

Malgré tout, je n'ai jamais raté l'occasion de dénoncer l'injustice que des dirigeants commettent, tant au niveau local que national. Je crois qu'il nous faut aimer la justice et qu'il n'y a pas d'autres options envisageables !

Ce n'est pas totalement du point de vue juridique que je vois le terme justice dans ce chapitre, c'est surtout sur le plan de l'équité ou de l'impartialité en général. Il faut être épris de justice pour accepter de donner tort à ses amis, ses parents et dire que la raison est du côté de l'autre personne ou de son ennemi.

| **La neutralité face à l'injustice n'existe pas** | Chapitre III |

DÉFENDRE LA JUSTICE MÊME EN FAVEUR DE SES ENNEMIS

Il y a quelques années, j'ai remarqué un groupe de jeunes avec un talent immense dans le domaine de la poésie et du théâtre de rue. Ils étaient d'excellents diseurs et offraient des spectacles qui n'attiraient pas la foule puisqu'ils étaient peu connus. Vu que j'animais une émission de Radio très écoutée et très appréciée du public, je leur ai demandé de venir présenter des textes à mon émission chaque semaine (pendant les 15 premières minutes) pour que le public les découvre. Ils l'ont fait. Et leur carrière a connu un succès fulgurant peu de temps après.

En 2015, j'étais candidat à la députation pour la commune de Port-de-Paix. A ma grande stupéfaction, ces jeunes ont été mes plus grands détracteurs lors de cette campagne électorale. Ils tentaient de me dénigrer rien que pour m'empêcher de récolter le plus de votes possibles. Je n'avais aucun différend avec eux. Ils ont seulement décidé de soutenir un candidat plus riche que moi. Jusque-là, c'est leur droit le plus entier et c'est normal qu'ils fassent choix d'un candidat avec qui ils se sentent plus confortables. Mais avaient-ils besoin de montrer toute cette hostilité contre moi ? Je crois que non !

Quelques années après les élections, les relations restaient tendues. Il n'y avait pas de salutations entre nous.

Un jour, je suis arrivé au tribunal de paix de Port de Paix où je faisais office de défenseur public après mes études en droit.

> **Le Miracle de l'honnêteté**

J'assistais à une séance au casier du juge Paul Blanc où l'un de ces jeunes était en grande difficulté. Cela était dû au fait qu'il n'avait pas d'avocats et que l'avocat de l'autre partie mettait de la pression sur lui. Ne sachant comment se défendre et quels artifices langagiers utiliser, il était sur le point de perdre alors que le droit était en sa faveur. Entre temps, tout le mal qu'il m'a fait me montait à l'esprit ; je me disais que je ne devais point épouser sa cause. Mais la conscience morale, ce juge infaillible logé en chacun de nous, se mit à me parler : Daniel tu dois défendre la justice même quand elle est en faveur de tes ennemis, car c'est la justice !

Sous la poussée de cette voix intérieure, j'ai demandé au juge Paul Blanc de m'accorder la parole et de me constituer comme le défenseur de ce jeune en grande difficulté. La parole m'étant accordée, j'ai commencé à défendre la cause de ce jeune avec un dévouement tel que j'arrivais à basculer la décision du juge en sa faveur. L'avocat de l'autre partie et l'autre partie étaient furieux contre moi. J'augmentais mes ennemis en défendant une juste cause en faveur de quelqu'un que je ne pouvais considérer comme un ami. Je l'ai fait parce que lutter pour faire triompher la justice est un impératif catégorique.

Certaines fois, ce qui est juste n'apparaît pas l'option qui flatte notre égo et qui nous rend confortable, mais nous devons toujours nous évertuer à faire ce qui est juste. Notre conscience qui est un conseiller silencieux est fidèle à son poste. Elle nous livre en toute situation son avis. C'est à nous que revient la décision de l'écouter ou pas.

Quand nous nous efforçons à développer une certaine sensibilité pour la justice, nous nous sentons interpellés par chaque situation où l'injustice tente de s'établir. Aimer la justice c'est donc combattre l'injustice en tout temps et en tout lieu et contre quiconque !

LE SILENCE FACE À L'INJUSTICE EST UNE INJUSTICE PLUS GRAVE

L'injustice a toujours su comment attirer le silence de la majorité. Nombreux sont les faits historiques qui pourraient illustrer mon propos. Mais, pour les besoins de la cause, je retiens le cas de Galilée et l'Église Catholique. Le savant astronome soutient la thèse copernicienne qui reconnaît que la terre n'est pas le centre de l'univers, mais tourne sur elle-même et autour du soleil. A l'époque cette thèse n'était pas nouvelle. Elle était connue, mais personne n'avait le courage de la soutenir publiquement. Les princes de l'Eglise étaient puissants. Ils n'accepteraient que cette théorie fasse d'eux un petit point perdu dans l'univers alors qu'ils se faisaient passer pour le point de mire de Dieu. Même le pape Urbain VIII qui était un ami, un mécène pour Galilée, ne pouvait empêcher un procès.

Le savant est condamné à la prison, à la résidence surveillée pour être plus précis. Mais aussi, il devait abjurer, renoncer à ses hypothèses, en donnant lecture d'un texte dans lequel il devait reconnaître ses erreurs. Il a été contraint de se contredire alors qu'il était convaincu de l'exactitude et la pertinence de son raisonnement.

**Le Miracle
de l'honnêteté**

Quel supplice ! La légende veut qu'après cette lecture, Galilée ait murmuré : **« Eppur si muove, »** et pourtant, elle tourne ! Les hommes de foi cherchant le ciel avec excès ont entaché l'histoire du christianisme d'une souillure presque indélébile. Il a fallu attendre jusqu'au 31 octobre 1992 pour que Jean Paul II, dans son discours aux participants à la session plénière de l'Académie pontificale des sciences, reconnaisse les erreurs de la plupart des théologiens dans l'affaire Galilée.

Comment toute la population d'alors, tous les fidèles de l'Eglise Catholique, les princes et toutes les autorités d'une église si hiérarchisée ont-ils pu appuyer ou garder le silence autour d'une telle injustice ? Admettons que la thèse soutenue par Galilée ait été fausse, en quoi mettait-elle l'humanité en danger ? Les maux infligés à Galilée étaient-ils proportionnels aux actes qu'il avait commis ? Il s'agissait, sous tous les angles, d'une injustice criante.

Encore aujourd'hui, beaucoup de citoyens gardent le silence sur une injustice dont ils sont témoins, surtout quand cette injustice ne frappe pas un membre proche de leur famille. Adopter une telle attitude c'est rejeter systématiquement son humanité et sa compétence humaine. C'est un positionnement qui donne envie de vomir. Généralement, quand c'est une autorité, un acteur économique important, quelqu'un d'une grande renommée qui commet l'injustice, on garde le silence pour ne pas se retrouver en face de lui. Pourtant, ces gens qui mettent en marche la machine de l'injustice se dressent délibérément en face de nous et de notre humanité. Ils nous manquent de respect.

Pourquoi faire semblant de les estimer quand eux ils ne font pas pareil ?

Se taire sur une injustice quelle que soit sa taille, c'est ajouter de l'huile dans le moteur de la puissante machine de l'injustice, alors qu'elle s'affaiblirait si elle se heurtait à la moindre résistance. Je sais de quoi je parle. J'ai pris d'énormes risques en défendant des citoyens ordinaires, des anonymes, des paysans contre des autorités qui ont le pouvoir de me jeter en prison ou de me persécuter. Ce n'est pas que je n'aie pas été conscient des risques, mais je me suis toujours fait à l'idée que je suis déjà victime puisqu'un semblable est victime !

Plusieurs personnes arrêtées arbitrairement et jetées en prison parce qu'un parent proche ou un ami ou une personnalité importante proche d'un commissaire du gouvernement l'a demandé, ont trouvé leur libération à la suite de mes farouches interventions. Parfois, certaines autorités semblent attendre qu'une voix opposée se lève pour trouver une raison de libérer des innocents sans encourir le risque d'être perçus comme des traîtres.

LA MOINDRE RÉSISTANCE AFFAIBLIT L'INJUSTICE

Un jeune homme de La Tortue, la terre de mes ancêtres paternels, a trouvé son arrestation parce qu'il tenait un discours critique à l'endroit d'un député en fonction. Puisque ce dernier avait joué un rôle important dans le processus de nomination du commissaire du gouvernement d'alors, le jeune homme a été arrêté pour association de malfaiteurs. Plusieurs avocats, autorités de l'appareil judiciaire jugèrent bon de garder le silence parce que le député était en fonction. Quand j'eus appris qu'après avoir passé plusieurs jours en garde à vue, le jeune homme allait être entendu par le Commissaire et qu'il serait ensuite déféré devant un juge d'instruction, je compris bien vite qu'on s'arrangeait pour le faire passer de nombreux mois en prison. Les professionnels du droit comprennent sans doute le bien-fondé de mes appréhensions. Ce juge d'instruction a tellement de dossiers à instruire. Après combien de mois aborderait-il le cas de ce jeune homme ? Je m'empressai d'arriver au casier du commissaire du gouvernement pour exercer une petite résistance : je sais que celui qui commet l'injustice n'aime pas qu'on le lui dise; en outre, il n'a pas toute sa conviction dans l'acte qu'il commet.

Arrivé au casier du magistrat, je m'avançai vers lui pour lui chuchoter quelques mots à l'oreille. Je lui dis :
- honorable magistrat, je suis venu chercher ce jeune innocent entre vos mains.
-non, Dal, me dit-il. La situation est grave, il est accusé d'association de malfaiteurs !
Et moi de répondre :
- Dites à l'honorable député que c'est moi en personne qui suis venu jusqu'ici exiger la libération de ce jeune. Dites-lui que si vous ne libérez ce jeune, je déclarerai à toute l'assistance que cette arrestation a été dictée à cause des critiques que ce jeune a proférées contre lui.
Dès que j'eus prononcé ces paroles, le commissaire me dit :

-va t'asseoir Dal, je dois quand même t'accorder satisfaction. J'ai quitté le palais de justice ce jour-là avec ce jeune homme qui a enfin retrouvé sa pauvre mère inconsolable, sa mère incapable de payer un avocat pour prendre la défense de son fils. Quelle victoire ! Quel triomphe de la justice sur l'injustice! Je ne peux énumérer le nombre de fois que j'ai eu à prendre position pour des gens en situation difficile, abandonnés par tous, alors qu'ils étaient victimes d'injustice.

COMPLICE PAR LE SILENCE

Ne pas intervenir dans une situation d'injustice à laquelle l'on assiste nous amène à devenir indirectement complices de cette injustice. Certes, en se positionnant, on prend le risque d'être agressé à son tour ou perdre certains privilèges. Mais comment pourrait-on être l'ami d'un homme injuste si on n'est pas à son tour le même que lui ? Certaines personnes se font l'illusion d'attribuer leur silence face à une injustice à la neutralité. On se trompe grandement en pensant ainsi. Jamais on ne peut prouver son innocence sur une situation d'injustice autour de laquelle on a gardé le silence. L'immortel, Martin Luther KING, semble avoir trouvé le mot juste quand il dit : « Celui qui accepte passivement le mal est tout autant responsable que celui qui le commet. Celui qui voit le mal et ne proteste pas, celui-là aide à faire le mal ».

On ne saurait trouver une raison valable pour justifier son silence face à l'injustice. Elle ne dérange pas tout simplement l'individu qui en est victime, elle constitue un accroc à l'ordre humain. Chaque acte injuste posé, quel que soit le

> **Le Miracle de l'honnêteté**

lieu, constitue une tentative de destruction du monde entier. Le silence complice d'un seul citoyen, de groupes sociaux, d'autorités, d'une population doit être compris comme une sorte d'adhésion à la destruction de l'humanité et de l'ordre naturel. C'est donc ce que conclut **Albert Einstein**, l'un des hommes les plus intelligents à avoir vécu sur terre : « Le monde ne sera pas détruit par ceux qui font le mal, mais par ceux qui les regardent sans rien faire ».

En tant que jeune, dynamique et progressiste, évoluant dans une société axée rien que sur un système d'injustice sociale sans précédent, un système façonné de telle sorte que les héritages néfastes du colonialisme esclavagiste sont encore très présents et puissants, je reste attaché à mes convictions et ma haine contre l'injustice.

Les méchancetés dont je suis souvent victime du système douanier haïtien tenu en otage par des oligarques puissants et corrompus cherchant continuellement à établir des marchés de monopoles, les campagnes de dénigrement dont je suis certaines fois l'objet parce que je réalise certains exploits qui me différencient des gens qui ne font aucun effort, les cauchemars qui me sont souvent posés et le refus d'accorder des contrats de services publics à mes entreprises parce que je n'accorde ni pots-de-vin ni surfacturation sont autant de symptômes d'une société caractérisée par l'injustice au plus haut niveau. Les injustes punissent ceux qui ne veulent jouer à leur jeu. Malgré tout ce que j'ai dû endurer, malgré tous les maux à moi infligés, je n'ai jamais profité d'une seule occasion pour changer de place avec les oppresseurs et les corrompus. Qui pis est, quand je suis victime, je ne trouve pas de gens pour me défendre, alors qu'à chaque fois que je suis au courant d'une injustice je la dénonce rigoureusement. C'est **Yehuda Bauer**, historien et professeur émérite israélien qui soutient avec le plus de clarté cette position : « Tu ne dois pas être une victime, tu ne dois pas être un oppresseur, mais avant tout, tu ne dois pas être un spectateur ».

D'un autre côté, je me trouve profondément touché par les idées combien inspirées et combien inouïes du philosophe, intellectuel marxiste et homme politique italien, l'une des plus hautes figures de résistance intellectuelle de l'histoire européenne, **Antonio Gramsci** qui se prononça sur le comportement de ceux qui restent indifférents face aux injustices, la déraison et les vices du monde.

Dans son texte « Je hais les indifférents », l'un de ses premiers articles publiés anonymement en février 1917 dans La Citta futurà, il qualifie l'indifférence de lâcheté et de parasitisme. Il dévoile sa haine contre l'indifférence et montre comment elle œuvre puissamment à anéantir le monde par le poids du mal et de l'injustice. Il semble avoir souffert impuissamment devant les maux et les injustices qu'imposaient les couches sociales dominantes de l'époque aux masses défavorisées. Le philosophe a voulu témoigner son indignation face à l'indifférence de ses contemporains et du reste du monde qui n'a pas tant aidé à éviter la guerre. Si des petits groupes actifs peuvent opérer c'est parce que la masse les ignore mais surtout parce qu'elle ne s'en soucie pas, dit-il ! Gramsci s'est savamment servi d'arguments solides dans ce texte et a fait montre de peu d'empathie pour les indifférents. (Voir annexe I)

Je vénère dans ce livre la mémoire de cet intellectuel humaniste qui comprit à la fois le rôle d'un intellectuel et les responsabilités liées à tous les citoyens élevés à une certaine compétence humaine. Je regrette, au moins, de n'avoir pas eu le privilège de vivre l'époque de ces hommes de courage et d'engagement. Si l'humanité avait produit seulement des hommes à la dimension de Gramsci, c'est-à-dire ceux qui ne restent pas indifférents, ceux qui pensent que la vie est synonyme de résistance, ceux qui pensent que rester silencieux sur le moindre mal est un acte de trahison à l'égard de l'humanité, elle serait heureuse parce que des hommes dévoués à sa cause auraient vécu. J'ai toujours imaginé ce que le monde serait s'il n'y avait pas des pays qui exploitent d'autres et qui leur font la guerre pour détruire leurs économies et même des milliers de vies humaines. Imaginons un instant le visage de l'humanité si chacun aimait chacun et traitait l'autre avec amour et compassion. Imaginons ce que serait le monde si on pensait à l'autre comme un être à protéger comme on le fait pour ses propres enfants.

J'ai la ferme conviction que le visage du monde pourra changer si nous nous attelons à dénoncer l'injustice d'où qu'elle provienne et si nous acceptons de la stopper lorsque nous en avons l'occasion. Nous avons le droit de vivre dans un monde plus juste. Efforçons-nous de l'inventer !

CHAPITRE IV
Le Miracle de l'honnêteté

Le Miracle de l'honnêteté

« L'idée peut sembler risible, mais la seule façon de combattre la peste est l'honnêteté. »
Albert Camus

**Le Miracle
de l'honnêteté**

UNE MANIÈRE DE VOIR

L'honnêteté est généralement comprise comme la qualité d'une personne qui agit avec droiture et loyauté, mène une existence conforme aux règles de la morale sociale et de la probité, parle conformément à sa pensée et qui est de bonne foi. Le concept peut aussi être compris comme la qualité d'un comportement honnête. C'est globalement ce que Larousse propose comme élément de définition. D'autres sources voient dans le concept honnêteté le caractère instinctif de ce qui est conforme à la morale, à la vertu et à la probité dans son rapport à autrui. Le terme instinctif apporte un peu plus de sens à ma compréhension. L'honnêteté, une fois cultivée, devient un instinct, un réflexe. Elle est une partie essentielle des compétences psychosociales. « *Être honnête n'est pas juste s'abstenir de mentir, frauder, voler ou tromper, c'est parler et agir en toute sincérité.* »

Le miracle de l'honnêteté — Chapitre IV

L'honnêteté consiste à faire preuve de respect, d'intégrité et à avoir conscience de soi. Elle est la base de la confiance et des relations sociales. Au XVIIème siècle français, « honnête » voulait dire « convenable, mesuré ». L'honnête homme, c'est donc l'homme convenable, modéré, cultivé, qui sait briller en société.

A l'époque contemporaine, le sens n'a pas trop changé. Être honnête sous-entend être en conformité avec les règles morales et les lois établies, être en harmonie avec soi, être sensible aux supplications de sa conscience, tenir ses engagements, honorer ses promesses, œuvrer en vue du bien-être collectif, aimer autrui et le traiter avec justice, reconnaître ses erreurs et les réparer, agir avec amour à l'égard de la nature et des animaux, faire don de soi, lutter en faveur de la justice, épouser les justes causes, aimer la vérité et la sagesse.

Le 3ème président des Etats-Unis d'Amérique, Thomas Jefferson, a vu juste en déclarant : « L'honnêteté est le premier chapitre du livre de la sagesse ». Pour lui, l'honnêteté est le chemin par lequel passer pour arriver à la sagesse. Je vois dans le mot sagesse au moins deux acceptions : l'humilité et le savoir.

En consultant un dictionnaire en ligne, j'étais enthousiaste de lire un ensemble de mots synonymes au concept honnêteté : affabilité, amabilité, amitié, bienséance, bienveillance, bonne fois, bonté, chasteté, civilité, conscience, convenance, décence, délicatesse, dignité, distinction, don, droiture, exactitude, fidélité, foi, franchise, gentillesse, honneur, honorabilité, incorruptibilité, intégrité, irréprochabilité, justice, loyauté, mérite, modestie, morale, moralité, netteté, politesse, probité, pudeur, pureté, qualité, rectitude, réserve, retenue, sagesse, scrupule, soin, tenue, vertu. A cette liste j'ose ajouter le mot grandeur ! L'honnêteté est une marque de grandeur. Elle nous donne de l'espoir, de la confiance, de la compassion et améliore nos prises de décision, nos actions et nos propos. Elle est ce sentiment qui développe en nous le sens de la justice, de l'équilibre, du désintéressement, du respect de soi et de l'autre, du respect de la chose d'autrui et de la chose publique (biens de l'Etat). Elle est une force de l'âme, et enfin une compétence rare.

IL N'EST JAMAIS TROP TARD

Quel que soit votre niveau de progrès sur le chemin de la bataille pour la promotion et la pratique de l'honnêteté, vous n'êtes ni en retard ni trop loin. Ce qui importe le plus, c'est votre acharnement à mener cette bataille noble tant par vos actions, vos engagements que par la promotion de cette vertu. Si par manque d'information, par manque d'éducation ou par ignorance vous avez été quelqu'un qui piétinait cette vertu, alimentait d'une façon ou d'une autre les pratiques malhonnêtes et injustes, sachez qu'il n'est pas trop tard de changer de paradigme. Poser une action juste ou honnête, c'est renforcer le monde et contribuer au bonheur de l'humanité à laquelle nous appartenons tous.

Un vice du cerveau humain veut que l'on ne pense jamais à sortir d'une routine sous le prétexte qu'on la pratique depuis un certain temps. On peut même penser que le fait que son ancienne vie est connue de tous, il sera difficile aux autres d'accepter qu'on ne soit plus le même ou que l'on ait cessé d'agir comme par le passé. C'est une affectation du cerveau! Sortez de ce cercle vicieux, de cet engrenage qui ne vise qu'à broyer notre humanité, notre conscience intérieure et tout ce qui fait de nous des êtres dotés d'une intelligence extraordinaire.

L'honnêteté se fait voir elle-même. Elle provoque avec une rare aisance un phénomène en marketing dénommé « *bouche à l'oreille* ». Celui qui te voit agir en toute honnêteté sera tellement étonné et touché, (parce que c'est un miracle) qu'il aura tendance à en parler aux autres de temps en temps. Quand on agit avec honnêteté envers un homme ou une femme, il (ou elle) sera prêt (e) à vous défendre parce qu'il parle à partir de repères expérientiels. Aujourd'hui même nous devons nous mettre à valoriser cette vertu. Le monde en a grandement besoin depuis longtemps. Toutefois, il n'est pas trop tard. Sauvons l'humanité ! Bâtissons un avenir meilleur et ensoleillé pour les générations futures et pour notre postérité ! Elles ne doivent pas venir se heurter contre la laideur du monde actuel.

LE MIRACLE DE L'HONNÊTETÉ

Un miracle peut être compris comme un fait ou événement extraordinaire qui ne peut être expliqué du point de vue scientifique, considéré comme surnaturel, peu commun, rare, où l'on croit entrevoir une intervention de la puissance divine. À mon humble sens, cette vertu que l'on nomme l'honnêteté est

**Le Miracle
de l'honnêteté**

un miracle en soi, et possède le pouvoir d'opérer des miracles. Tous les événements personnels dont je vous ai fait un récit dans ce livre, vous pouvez les considérer comme des miracles. Les nombreux exploits et résultats que j'ai pu atteindre en restant attaché à l'honnêteté, alors qu'agir autrement m'apporterait les résultats escomptés plus rapidement et sans les douleurs qu'impose la patience, sont aussi des miracles.

Voyons pourquoi je considère l'honnêteté comme un miracle en soi. Grâce au support de l'évolution numérique, il est devenu plus facile de frauder, mentir, tromper, assassiner le caractère de qui on n'aime pas, tuer, voler et soutirer de nombreux avantages. Le monde contemporain tel qu'il est organisé facilite l'épanouissement des gens malhonnêtes et fait progresser les gens qui sont prêts à tout faire pour accumuler richesses matérielles et financières. Dans ce système qui s'étend sur toute la planète, les gens honnêtes se sentent punis, pris en otage, emprisonnés, dévalorisés et relégués à l'arrière-plan. Seuls une force suprême intérieure (conscience) et un niveau d'excellence (pris dans le sens du savoir) sont capables d'aligner certaines personnes sur le rang de l'honnêteté.

Ce choix combien difficile et pénible ne saurait ne pas être un miracle, un acte exceptionnel. Si vous avez sur une table deux tasses dont une contient du fiel et l'autre du sirop miel, le choix normal serait de goûter au sirop. Choisir consciemment le fiel, c'est poser un acte exceptionnel s'apparentant à un miracle. Paradoxalement, le fiel dans notre exemple représente l'honnêteté, la voie étroite et resserrée.

Le miracle de l'honnêteté | Chapitre IV

Les récits qui nous sont racontés depuis la plus haute antiquité et l'époque des balbutiements de l'humanité, font état d'une plus grande disposition de la majorité à recourir à des manœuvres relatives aux vices, à la facilité, et toute sorte d'agissements dérivés de la liberté naturelle. L'homme est par nature égoïste, enclin à la malhonnêteté. Le fait pour un seul homme de vouloir s'échapper à sa volonté naturelle de dominer l'autre, de refuser de se procurer le plus d'avantages possibles à la défaveur d'autrui et d'agir honnêtement sans contraintes, constitue un miracle. Même le plaisir que l'on éprouve, la joie que l'on ressent, la tranquillité et la paix de l'âme qui nous envahissent après avoir agi honnêtement, témoignent d'un état de bonheur exceptionnel. Les fêtes royales ne procurent pas la joie que procure un seul acte honnête. Ceux qui ont déjà savouré cette joie indescriptible et dense savent de quoi je parle.

Tout au long de la rédaction de ce livre, j'ai discuté avec des jeunes et des personnes plus mûres sur leur état d'âme après avoir agi en toute honnêteté dans une situation donnée. Leurs réponses sont presque les mêmes. Certaines expressions comme : je me sens bien, je me sens libre, Je me sens grand, je me sens en paix avec moi-même, je ressens le sentiment du devoir accompli, revenaient à chaque fois.

Le sens de l'honnêteté de certains jeunes de ma génération m'a toujours profondément marqué. Je garde en mémoire; **Wilgens DEVILAS, Robens MAXI, Ermann SAINVIL, Bendy GENESTANT, Marie Raphaëlle PIERRE, Holdine PIERRE,**

Le Miracle de l'honnêteté

Rodrigue RAYMOND, Miclaude PAUL, Ferlandanie CORNEILLE, Jefly JEAN, Suze LULLY, (Aquila) Ronald LUBIN, Louis-Dalès DESSENTIEL et Widson OSIAS.

Je pourrais citer des dizaines de noms (il y en a beaucoup d'autres), mais j'ai choisi de citer ces jeunes avec qui j'ai travaillé et collaboré étroitement. Chaque action difficile accomplie par ces personnes pour rester dans le camp de l'honnêteté est à mes yeux un miracle dans un monde où les vertus sont en parfaite décomposition et putréfaction. La vie de ces gens est une puissante source de miracles pour qui les fréquente.

Certains d'entre eux se sont distingués sous mes yeux pendant plus de dix ans d'amitié ou de collaboration professionnelle. Ils sont constants dans leur velléité à pratiquer cette compétence, cette vertu qu'est l'honnêteté. Je profite de ce livre pour leur dire combien ils ont attiré mon attention grâce à leurs actions et mode d'être. Je veux aussi leur dire toute mon admiration et gratitude pour leur participation à la bataille de l'honnêteté. Je veux qu'ils sachent que le monde a les yeux fixés sur eux et qu'ils n'ont pas le droit de transiger ni de diminuer leur ardeur.

L'HONNÊTETÉ, L'AMOUR ET L'EMPATHIE MARCHENT DE PAIR

J'ai souvent rencontré des gens qui pensent qu'ils peuvent se considérer comme totalement honnêtes sans éprouver de la compassion pour autrui. Il est difficile et même impossible d'être honnête avec soi-même sans être honnête avec les autres, comme il est difficile de s'aimer sans aimer les autres. Sinon, ce que vous ressentez porterait le nom d'égocentrisme. **Victor HUGO**, dans son œuvre Les contemplations, en 1856 dit : « On se plaint quelquefois des écrivains qui disent moi. Parlez-nous de nous, leur crie-t-on. Hélas ! Quand je vous parle de moi, je vous parle de vous. Comment ne le sentez-vous pas? Ah ! Insensé qui croit que je ne suis pas toi !»

Si vous avez la capacité de cesser un instant de vous préoccuper de vous, de votre famille pour essayer de comprendre et de partager les doutes, les chagrins, les difficultés, les sentiments et problèmes des autres, c'est que vous cultivez en vous cette excellence (l'empathie) complémentaire à l'honnêteté en tant que compétence humaine. Elle est, à mon humble sens, la tendresse de l'âme. Elle nous pousse à changer de place avec l'autre pour ressentir ses douleurs et les dissiper si nous avons le pouvoir de le faire. Même dans la situation où l'on n'a pas les moyens de le faire, on continue à partager cette douleur. Cette dimension de l'honnêteté dont nous parlons (l'empathie) est l'une des valeurs qui manque à la majorité des élites dirigeantes d'Haïti.

Le secteur politique est insensible, le secteur économique pratique un capitalisme sauvage et rapace, l'élite intellectuelle elle-même en tant que dernier rempart se noie dans une sorte d'insouciance délinquante. Cette absence totale d'empathie est la véritable source de toutes les disparités, tous les fléaux, toutes les injustices, toute l'instabilité et toutes les turbulences qui rongent la société haïtienne.

Le Miracle de l'honnêteté

L'HONNÊTETÉ EN TANT QUE SOURCE D'ENTRAIDE

L'année dernière (2022), je suis tombé sur une vidéo publiée sur Facebook par le journaliste Wilgens DEVILAS, où une veuve vieille de 73 années racontait ses déboires, son expulsion d'une maison parce qu'elle ne pouvait pas payer son bail annuel équivalent à 50 dollars américains. Je me suis senti profondément touché. Cette situation était pour moi une sorte de rappel de l'injustice sociale dont est victime toute la population haïtienne. Je me demandais comment une vieille dame a pu vivre 73 années sur terre sans avoir où dormir ? Des larmes coulaient de mes yeux et je sentais le désir de l'aider. Selon un récit de la Bible, la question de l'habitat a été un sujet important même pour Jésus, l'homme le plus mythique ayant passé sur cette terre. Dans Matthieu 8 le verset 20, il dit : « Les renards ont des tanières, et les oiseaux du ciel ont des nids ; mais le fils de l'homme n'a pas où reposer sa tête. »

Je réfléchissais à la désolation que j'ai pu lire sur le visage de cette septuagénaire et j'ai décidé de construire une petite maison pour elle alors que j'avais à peine commencé la construction de ma propre maison. J'ai partagé le projet sur ma page Facebook et j'ai demandé à mes fans et amis d'apporter leur aide et soutien à cette pauvre dame que je ne connaissais nullement.

Plusieurs amis ont envoyé leur contribution. Et nous avons construit cette maison pour elle au cours de 5 mois. J'ai utilisé plusieurs dizaines de milliers de gourdes des fonds générés

Le miracle de l'honnêteté | Chapitre IV

par mes entreprises pour financer une bonne partie de cette initiative. Le reste a été financé par d'autres amis, tant en Haïti que dans la diaspora, touchés par cette histoire.

Ce sentiment qui nous envahissait, cette volonté, ce désir ardent de voler au secours de cette veuve n'est autre que l'empathie. Grâce à cette sensibilité humaine, cette vieille dame a pu connaître le bonheur de dormir dans une maison qui lui est propre et meilleure que celle de laquelle on l'avait expulsée.

Le jour où j'organisais une petite cérémonie de remerciement et de remise de clé, cette dame éprouvait une joie indicible. Elle m'appela « papa ». Elle, âgée de 73 ans, voyait en un jeune homme de 39 ans un père pour lui. C'est à moi de t'appeler maman, rétorquai-je. Elle surenchérit : « Acceptez votre titre, car seul un père peut construire une maison pour sa fille. » A chaque fois que je passe au bord de la route d'Aubert, elle ne cesse de m'appeler « papa ». C'est touchant !

Combien de fois avons-nous raté l'occasion d'être un papa, un mari, un frère, une sœur, un ami, une mère pour quelqu'un d'autre ? Puissions-nous contribuer au bonheur collectif de la race humaine en apprenant à cultiver l'empathie, cette noblesse de l'âme. Aimons-nous les uns les autres !

Alors que je présentais à la **Radio Balade Fm** une émission de musiques francophones, j'ai découvert une chanson de Florent Pagny intitulée "Savoir aimer". Elle semble illustrer à la fois ce que c'est que l'amour et l'empathie. (Voir annexe I)

Cette chanson a toujours su comment vibrer tout mon être, me secouer, me subjuguer à chaque écoute à l'instar d'une drogue. Je n'arrive pas à comprendre pourquoi, en écoutant cette chanson, je pense toujours à ceux que j'aime ou ceux pour qui j'éprouve de la compassion, de l'empathie, de l'admiration et tous ceux que je ne connais même pas, mais que je pense être dans une situation difficile. L'amour est beau, l'amour est bon, l'amour est fort. C'est un langage. Cimentons-nous d'amour pour que le monde devienne une forteresse abritant des frères et sœurs d'une seule lignée parentale. Quand vous voyez un autre, quels que soient son origine, sa couleur, sa religion, son savoir, sa beauté, voyez d'abord en lui un autre « vous-même », c'est-à-dire votre semblable.

Imaginez un instant comment vous vous sentez quand les autres font un geste généreux envers vous, quand vous êtes bénéficiaire d'une marque d'attention, quand vous êtes traité avec soin et dignité.

C'est ainsi que les autres se sentent quand vous faites tout cela pour eux. Prenez donc l'engagement d'aider les autres à se sentir comme vous aimez vous sentir : cela garantit la paix et l'harmonie.

L'HONNÊTETÉ EN TANT QUE VICTOIRE DE L'ÂME SUR LE CORPS

Dans ses brillantes réflexions philosophiques, Socrate accorde une place importante à l'âme, la partie immatérielle ou incorporelle de l'être. Il estime qu'elle est détentrice de toutes les vérités premières. Comme lui, je pense que le corps est une prison pour l'âme : il tente continuellement à la dénaturer et la déposséder de toutes ses facultés. L'âme est incapable de mal ni d'aucun autre vice.

C'est quand le corps arrive à l'assujettir qu'elle devient un témoin impuissant devant les injustices et les dérobades du monde. C'est pourquoi, le père de la philosophie estime que l'homme doit s'exercer à mourir chaque jour. Mourir en détachant continuellement son esprit de son corps par l'exercice de la pensée, la méditation et de la raison.
Cette utile et nécessaire distanciation donne à l'homme la capacité d'entrer en possession d'innombrables vérités, savoirs et compétences que regorge l'âme. Quand il franchit cette étape, il devient sage, raisonné, et par conséquent capable d'être honnête, de mener une vie bonne, une vie juste.

J'éprouve un plaisir immense, tout au long de cette aventure littéraire, à vous donner une idée de ma perception de la vie, de ma philosophie de l'intelligence, de ma façon de voir le monde tel qu'il est aujourd'hui et tel qu'il pourra être si le genre humain décide de sincériser ses actions. Je vous ai aussi raconté certaines de mes expériences et parcours sans vouloir donner un caractère biographique à ce livre qui se veut un partage de témoignages et une résonance de mon profond attachement à la loyauté et à toute autre compétence de l'âme humaine.

Je sais que nombreux de critiques auront à souligner le rapprochement non voilé que j'ai essayé de faire entre la religion et la philosophie. On se demandera comment être en même temps un grand amoureux de la philosophie et un homme de foi. Je répondrai que la philosophie et le domaine de la foi ont en commun l'abstraction. Mieux on est performant dans les domaines abstraits, mieux on comprend ce qui n'est pas perceptible et qui est à peine croyable. Personne ne peut saisir le réel sans avoir une idée avancée de l'idéel.

Je souhaite que ce livre apporte une certaine joie, un peu de réconfort à mes lecteurs qui sont peut-être découragés et qui ont perdu l'espoir de vivre dans un monde meilleur. Tout comme vous, je ne suis pas enthousiaste à l'égard du monde dans son état actuel. Mais je m'efforce chaque jour de me distinguer et d'agir avec le plus d'honnêteté possible. Je sais qu'on n'est jamais suffisamment honnête et qu'il faut que l'on consente journellement des efforts d'amélioration. Tous, nous devons œuvrer pour que nous soyons capables de prononcer cette citation en toute honnêteté : « *L'humanité sera heureuse parce que j'aurai vécu.* »

Avec AMOUR !!!
DALBAGAY

ANNEXE I

« Je hais les indifférents. Je crois comme Friedrich Hebbel que « vivre signifie être partisans ». Il ne peut exister seulement des hommes, des étrangers à la cité. Celui qui vit vraiment ne peut qu'être citoyen, et prendre parti. L'indifférence c'est l'aboulie, le parasitisme, la lâcheté, ce n'est pas la vie. C'est pourquoi je hais les indifférents.

L'indifférence est le poids mort de l'histoire. C'est le boulet de plomb pour le novateur, c'est la matière inerte où se noient souvent les enthousiasmes les plus resplendissants, c'est l'étang qui entoure la vieille ville et la défend mieux que les murs les plus solides, mieux que les poitrines de ses guerriers, parce qu'elle engloutit dans ses remous limoneux les assaillants, les décime et les décourage et quelquefois les fait renoncer à l'entreprise héroïque.

L'indifférence œuvre puissamment dans l'histoire. Elle œuvre passivement, mais elle œuvre. Elle est la fatalité ; elle est ce sur quoi on ne peut pas compter ; elle est ce qui bouleverse les programmes, ce qui renverse les plans les mieux établis ; elle est la matière brute, rebelle à l'intelligence qu'elle étouffe. Ce qui se produit, le mal qui s'abat sur tous, le possible bien qu'un acte héroïque (de valeur universelle) puisse faire naître, n'est pas tant dû à l'initiative de quelques-uns qui œuvrent, qu'à l'indifférence, l'absentéisme de beaucoup. Ce qui se produit, ne se produit pas tant parce que quelques-uns veulent que cela se produisent, mais parce que la masse des hommes abdique devant sa volonté, laisse faire, laisse s'accumuler les nœuds que seule l'épée pourra trancher, laisse promulguer des lois que seule la révolte fera abroger, laisse accéder au pouvoir des hommes que seule une mutinerie pourra renverser. La fatalité qui semble dominer l'histoire n'est pas autre chose justement que l'apparence illusoire de cette indifférence,

> Le Miracle
> de l'honnêteté

de cet absentéisme. Des faits mûrissent dans l'ombre, quelques mains, qu'aucun contrôle ne surveille, tissent la toile de la vie collective, et la masse ignore, parce qu'elle ne s'en soucie pas. Les destins d'une époque sont manipulés selon des visions étriquées, des buts immédiats, des ambitions et des passions personnelles de petits groupes actifs, et la masse des hommes ignore, parce qu'elle ne s'en soucie pas. Mais les faits qui ont mûri débouchent sur quelque chose; mais la toile tissée dans l'ombre arrive à son accomplissement: et alors il semble que ce soit la fatalité qui emporte tous et tout sur son passage, il semble que l'histoire ne soit rien d'autre qu'un énorme phénomène naturel, une éruption, un tremblement de terre dont nous tous serions les victimes, celui qui l'a voulu et celui qui ne l'a pas voulu, celui qui savait et celui qui ne le savait pas, qui avait agi et celui qui était indifférent. Et ce dernier se met en colère, il voudrait se soustraire aux conséquences, il voudrait qu'il apparaisse clairement qu'il n'a pas voulu lui, qu'il n'est pas responsable. Certains pleurnichent pitoyablement, d'autres jurent avec obscénité, mais personne ou presque ne se demande : et si j'avais fait moi aussi mon devoir, si j'avais essayé de faire valoir ma volonté, mon conseil, serait-il arrivé ce qui est arrivé ? Mais personne ou presque ne se sent coupable de son indifférence, de son scepticisme, de ne pas avoir donné ses bras et son activité à ces groupes de citoyens qui, précisément pour éviter un tel mal, combattaient, et se proposaient de procurer un tel bien. La plupart d'entre eux, au contraire, devant les faits accomplis, préfèrent parler d'idéaux qui s'effondrent, de programmes qui s'écroulent définitivement et autres plaisanteries du même genre. Ils recommencent ainsi à s'absenter de toute responsabilité. Non bien sûr qu'ils ne voient pas clairement les choses, et qu'ils ne soient pas quelquefois capables de présenter de très belles solutions aux problèmes les plus urgents, y compris ceux qui requièrent une vaste préparation et du temps. Mais pour être très belles, ces solutions demeurent tout aussi infécondes, et cette contribution à la vie collective n'est animée d'aucune lueur morale ; il est le produit d'une curiosité intellectuelle, non d'un sens aigu d'une responsabilité historique qui veut l'activité de tous dans la vie, qui n'admet aucune forme d'agnosticisme et aucune forme d'indifférence.

Je hais les indifférents aussi parce que leurs pleurnicheries d'éternels innocents me fatiguent. Je demande à chacun d'eux de rendre compte de la façon dont il a rempli le devoir que la vie lui a donné et lui donne chaque jour, de ce qu'il a fait et spécialement de ce qu'il n'a pas fait. Et je sens que je peux être inexorable, que je n'ai pas à gaspiller ma pitié, que je n'ai pas à partager mes larmes. Je suis partisan, je vis, je sens dans les consciences viriles de mon bord battre déjà l'activité de la cité future que mon bord est en train de construire. Et en elle la chaîne sociale ne pèse pas sur quelques-uns, en elle chaque chose qui se produit n'est pas due au hasard, à la fatalité, mais elle est l'œuvre intelligente des citoyens. Il n'y a, en elle personne pour rester à la fenêtre à regarder alors que quelques-uns se sacrifient, disparaissent dans le sacrifice ; et celui qui reste à la fenêtre, à guetter, veut profiter du peu de bien que procure l'activité de peu de gens et passe sa déception en s'en prenant à celui qui s'est sacrifié, à celui qui a disparu parce qu'il n'a pas réussi ce qu'il s'était donné pour but.

Je suis en vie, je suis résistant. C'est pourquoi je hais ceux qui ne résistent pas, c'est pourquoi je hais les indifférents ».

ANNEXE II

« Savoir sourire
A une inconnue qui passe
N'en garder aucune trace
Sinon celle du plaisir
Savoir aimer
Sans rien attendre en retour
Ni égard ni grand amour
Pas même l'espoir d'être aimé
Mais savoir donner
Donner sans reprendre
Ne rien faire qu'apprendre
Apprendre à aimer
Aimer sans attendre
Aimer à tout prendre
Apprendre à sourire
Rien que pour le geste
Sans vouloir le reste
Et apprendre à vivre
Et s'en aller
Savoir attendre
Goûter à ce plein bonheur
Qu'on vous donne comme par erreur
Tant on ne l'attendait plus
Savoir y croire
Pour tromper la peur du vide
Ancrée comme autant de rides
Qui ternissent les miroirs
Mais savoir donner
Donner sans reprendre

**Le Miracle
de l'honnêteté**

Ne rien faire qu'apprendre
Apprendre à aimer
Aimer sans attendre
Aimer à tout prendre
Apprendre à sourire
Rien que pour le geste
Sans vouloir le reste
Et apprendre à vivre
Et s'en aller
Savoir souffrir
En silence sans murmure
Ni défense ni armure
Souffrir à vouloir mourir
Et se relever
Comme on renaît de ses cendres
Avec tant d'amour à revendre
Qu'on tire un trait sur le passé
Mais savoir donner
Donner sans reprendre
Ne rien faire qu'apprendre
Apprendre à aimer
Aimer sans attendre
Aimer à tout prendre
Apprendre à sourire
Rien que pour le geste
Sans vouloir le reste
Et apprendre à vivre
Et s'en aller
Apprendre à rêver

À rêver pour deux
Rien qu'en fermant les yeux
Et savoir donner
Donner sans rature
Ni demi-mesure
Apprendre à rester
Vouloir jusqu'au bout
Rester malgré tout
Apprendre à aimer
Et s'en aller.